AF356298

CHRONIQUES INDISCRÈTES ET
GALANTES D'AUTREFOIS

ALBERT MEYRAC

LE DERNIER AMOUR D'HENRI IV

CHARLOTTE

DE

MONTMORENCY

Mère du Grand Condé

ALBIN MICHEL, ÉDITEUR
22, Rue Huyghens, PARIS (XIVᵉ)

LE DERNIER AMOUR D'HENRI IV

Charlotte de Montmorency

Mère du Grand Condé

ALBERT MEYRAC

LE DERNIER AMOUR D'HENRI IV

Charlotte de Montmorency

Mère du Grand Condé

Amour ! amour ! quand tu nous tiens,
On peut bien dire : adieu prudence !

LA FONTAINE.

PARIS

ALBIN MICHEL, ÉDITEUR

22, RUE HUYGHENS, 22

PROLOGUE

LES PERSONNAGES

Présentons, tout d'abord, les personnages qui vont entrer en scène, dans le drame héroï-comique.

Henri IV, *roi de France et de Navarre.*

Mais, est-il vraiment besoin de présenter ce roi populaire « de la poule au pot », ce spirituel Gascon,

> Ce diable à quatre
> Qui avait triple talent
> De boire et de battre
> Et d'être vert galant.

LES BOURBONS

Au pied d'une colline, dans un vallon d'un sous-affluent de gauche de l'Allier, jaillit une fontaine thermale, aujourd'hui captée, distri-

buée, civilisée; autrefois libre dans les bois
nord-est d'un massif permien aux roches rouges.
Stupéfaits de cette eau tiède, et plus que tiède,
à demi brûlante, au voisinage de sources
fraîches, nos bons ancêtres primitifs, ingénus,
consacrèrent cette source à un dieu; puis, ils
confondirent le dieu et la fontaine. Le surgeon
leur fut divin, puisqu'il était inconcevable.
Ce dieu était Bormo, Borvo, Borbo : nom dont
il semble bien qu'il essaie d'exprimer le bouil-
lonnement de la source, ses bulles d'air, son
effervescence. Les Romains le confisquèrent
pour le panthéon gréco-latin, en l'identifiant
à leur Apollon.

Au commencement du xe siècle, un seigneur quelconque inféodé à Charles le Simple
recevait de ce roi l'investiture de quelques
terres, dont celle de Borbo. Il fut le sire
de Souvigny! — une abbaye, près de Mou-
lins, dont les restes grandioses sont encore une
de nos merveilles archéologiques, — Bourbon
« et autres lieux ». La famille destinée à tant
de trônes résidait d'abord à Souvigny, puis à
Bourbon-l'Archambault (1), dans l'Allier, dont

(1) Bourbon-l'Archambault fut, au xviie siècle, la station
thermale la plus fréquentée par les personnages restés

elle prit décidément le nom; et ce fut la famille des ducs de Bourbon, ensuite rois de France et d'autres pays de l'Europe occidentale. De cette illustre lignée, le Bourbonnais tira son nom (1).

« Seigneur quelconque » semble être un mot bien dédaigneux d'Onésime Reclus. C'est de saint Louis qu'était issue la maison de Bourbon, par son dernier enfant mâle Robert de France, comte de Clermont. Une baronnie antique, héritage de Béatrix, femme de ce prince, fut érigée en duché-pairie, en faveur de Louis, son fils, et donnait à sa postérité le nom qu'elle conserva : celui de France étant exclusivement réservé à la branche royale (2).

illustres de ce temps. Mme de Montespan y mourut. Les ruines pittoresques de l'ancien château des Bourbons sont tout spécialement visitées par les touristes.

(1) Voir Onésime Reclus, *la France à vol d'oiseau*, I, p. 552, Paris, Flammarion, I.

(2) Voir Duc d'Aumale, *Histoire des Princes de Condé*, I, p. 3. Calman Lévy, éditeur, 1889. Et le duc d'Aumale ajoute en note : « Les descendants de Robert le Fort occupaient le trône de France longtemps avant que l'on n'eût repris l'usage de désigner par un même nom, comme à Rome, les membres d'une même famille. C'est à l'époque des Croisades que le besoin de se reconnaître au milieu de ces grandes agglomérations d'hommes fit adopter cette coutume. On appela *France* la famille qui avait l'honneur de donner des souve-

LES CONDÉ

I

Louis de Bourbon Condé (1).

Deux princes de Bourbon « firent race » : Antoine et Louis. La famille de Condé est une

rains à notre patrie. Mais nos rois, jaloux de l'éclat d'un tel grand nom, le réservèrent à leurs seuls fils et petits-fils : de là cette désignation de *fils* et *petits-fils de France*. La postérité de chaque fils de France formait une branche cadette qui prenait son nom du titre porté par son chef: Valois, Artois, Bourbon. »

(1) Est-il néccssaire de rappeler qu'un *confluent* est le point où se rencontrent deux cours d'eau, dont l'un se jette dans l'autre ? L'ancien mot français était *Condates*, et, par contraction : *Condé*.

Dans l'arrondissement de Valenciennes, *Condé-sur-Escaut*, au confluent de l'Escaut et de la Haine, qui donnait son nom au Hainaut. La seigneurie de Condé fut, primitivement, un domaine de la « Maison des sires d'Avesnes » dans le Nord. Marie de Luxembourg la portait dans la Maison de France, alors qu'elle épousait en 1487 François de Bourbon, comté de Vendôme, père de Charles de Bourbon, duc de Vendôme, dont le fils fut Louis de Bourbon, souche de la branche Bourbon-Condé. — Le nom de Condé se rencontre fréquemment sur la carte de France ; il appartint aussi à plus d'une famille, soit comme titre, soit comme nom patronymique, sans être, le plus souvent, accompagné d'une désignation bien claire.

branche de la maison de Bourbon. Charles de Bourbon, mort en 1537, laissait, de son mariage avec Françoise d'Alençon, treize enfants dont cinq fils : Antoine, 1513-1562, roi de Navarre et père de Henri IV; François, 1519-1546, comte d'Enghien, le vainqueur de Cérisoles; Charles, 1523-1590, cardinal de Bourbon, roi de la Ligue, sous le nom de Charles X; Jean, 1528-1557, comte de Soissons, puis d'Enghien; Louis, 1530-1569, prince de Condé. Il fut la souche de cette maison qui s'éteignit en 1830, en la personne de Louis-Henri-Joseph de Bourbon, prince de Condé, dont le fils unique, le duc d'Enghien, était, le 21 mai 1804, fusillé à Vincennes par ordre de Napoléon. Les Condé *portaient d'azur à trois fleurs de lys d'or, au bâton de gueules péri en bandes.*

Louis de Bourbon « dont les premières années sont obscures » était le cadet de sa famille. Il avait à peine huit ans lorsqu'il perdait son père. Que devint-il alors? Comment passa-t-il ces années de transition qui séparent l'enfance de la jeunesse? Aucun indice ne fixe sur ce point que les contemporains se souciaient fort peu, sans doute, d'éclaircir. Sa mère, Françoise d'Alençon, était une princesse vertueuse et sévère, renommée pour le bel ordre qui régnait chez elle; mais la « discipline » qu'elle maintenait parmi les demoiselles attachées à son service, et qui excitait l'admiration de son panégyriste — *Ch. de Sainte-Marthe*, dans ORAISON FUNÈBRE DE FRANÇOISE D'ALENÇON — ne convenait probablement à des fils qui approchaient de la virilité. Une veuve, vivant dans la retraite, ne pouvait guère terminer cette éducation chevaleresque indispensable alors et que la jeune noblesse venait jadis chercher à l'envi dans l'hôtel de Bourbon (1).

Louis, par son mariage avec Éléonore de Roy, s'alliait aux Montmorency et aux Chatillon. Il eut pour fils :

II

HENRY Iᵉʳ DE BOURBON

duc d'Enghien, prince de Condé, qui guerroyait avec son cousin Henri de Navarre — depuis Henri IV — sous les ordres de Coligny. Charles IX, après la Saint-Barthelémy, le mettait en demeure de choisir entre la messe

(1) Duc D'AUMALE, *op. cit.*, I, 18 sq.

et la mort. Il n'abjura point, mais s'enfuyait en Allemagne, d'où bientôt, d'ailleurs, il revenait en France. Il mourait, un an après la bataille de Coutras, à Saint-Jean-d'Angély.

Sur cette mort, Henri IV nous a laissé de curieux détails (1).

« *A Madame la Comtesse de Grammont, 10 mars 1588.* — Il m'est arrivé l'un des plus extrêmes malheurs que je pouvais craindre, qui est la mort subite de Monsieur le Prince... Ils l'ont empoisonné, les traîtres ! Si est-ce que Dieu demeurera le maître et moi, par sa grâce, l'exécuteur. Le pauvre prince, jeudi, ayant couru la bague, soupa, se portant bien. A minuit, lui prenait un vomissement très violent qui lui dura jusqu'au matin. Tout le vendredi il demeura au lit. Le soir il soupa et, ayant bien dormi, il se leva le samedi matin, dîna debout puis joua aux échecs. Il se leva de sa chaise, se met à se promener par sa chambre, devisant avec l'un et l'autre. Tout d'un coup il dit : Baillez-moi ma chaise, je me sens une grande faiblesse. Il n'y fut assis qu'il perdit la parole et soudain après il rendit l'âme, assis.

---

(1) *Henri IV, Lettres Missives*, II, pp. 343-344, dans BERGER DE XIVRY, *Collection de Documents inédits sur l'Histoire de France.*

Les marques de poison sortirent soudain. Il n'est pas croyable l'étonnement que cela a porté en ce pays-là... Bonsoir mon âme, je vous baise un million de fois. »

« *A Monsieur de Scorbiac, 11 mars 1588. Conseiller du roi, mon seigneur* — Henri n'était alors que roi de Navarre — *en sa cour du Parlement de Toulouse, et surintendant des finances à Montauban.* — La mort de mon cousin, Monsieur le Prince, nous a tellement attristés que je vais monter à cheval, présentement, pour aller consoler ma cousine, Madame la Princesse, et empêcher que nos ennemis ne se prévalent de nos pertes et malheurs et de mon absence. La perte ne m'est pas seulement particulière mais publique et très importante. »

« *A Madame la Comtesse de Grammont, 13 mars* 1588. — Le page Belcastel et le valet de chambre de Madame la Princesse s'en étant enfui soudain, après avoir vu mort leur maître, avaient trouvé deux chevaux valant deux cents écus à une hôtellerie du faubourg, que l'on y tenait il y avait quinze jours, et avaient chacun une mallette pleine d'argent. Enquis, l'hôte dit que c'était un nommé Brillant qui lui avait baillé les chevaux et lui allait dire

tous les jours qu'ils fussent bien traités ; que
s'il baillait aux autres chevaux quatre mesures
d'avoine qu'il leur baillât huit ; qu'il paierait
le double. Ce Brillant est un homme que Madame la Princesse a mis en la maison en lui faisant tout gouverner. Il fut, tout soudain, pris,
confessé avoir baillé mille écus au page et
avoir acheté ces chevaux par le commandement de son maître pour aller en Italie... Sou-
venez-vous de ce que je vous ai dit autrefois.
Je ne me trompe guère en mes jugements.
« C'est une très dangereuse bête qu'une mauvaise femme. Tous ces empoisonnements sont
papistes (1). »

III

Henri II de Bourbon (2)

prince de Condé, fils de Henri Ier, est le héros

(1) Disons une fois pour toutes, que dans toutes nos cita-
tions — y compris nos chapitres de l'*Appendice* — nous
avons *scrupuleusement* respecté le mot, la phrase, la tour-
nure archaïque d'autrefois, mais que nous avons, seulement, modernisé l'orthographe, ne croyant pas utile,
puisque nous ne faisons pas œuvre philologique, d'écrire
icy pour ici ; *mesme* ou *faict*, pour même et fait ; *présentoit*,
pour présentait ; *roy*, pour roi.

(2) Voir à l'*Appendice* son *Historiette* d'après Tallemant des
Réaux.

du drame héroï-comique qui va se jouer devant nous et dont le titre pourrait être celui
de l'un des *Contes drolatiques* d'Honoré de
Balzac : « Persévérance d'amour »; persévérance
d'amour, du moins en ce qui concerne Henri IV.
Sa mère fut la « romanesque et belle » Charlotte
de la Tremoille, « d'une famille illustre et puissante : la châtelaine de la redoutable forteresse
de Taillebourg. Avait-elle empoisonné son mari,
comme le supposait, nous venons de le voir dans
sa lettre à la duchesse de Grammont, le roi de
Navarre? Toujours est-il que sa mort reste
encore mystérieuse. Les gens du prince furent
arrêtés. Deux parvinrent à s'enfuir : Corbais,
un valet de chambre, et le page Belcastel que la
rumeur scandaleuse disait bien bas être le
père de Henri II; né posthume, dans le château
de Saint-Jean-d'Angély où sa mère était dé-
tenue. L'hôtelier Brillant, qui recevait les fugitifs, fut mis à la torture. Faussement, ou
véridiquement, il accusa fort Charlotte de la
Trémoille. Belcastel fut exécuté en effigie. Charlotte fut emprisonnée et c'est au sixième mois
de son emprisonnement qu'elle accouchait.
Après sept années de détention elle fut lavée
de tous soupçons d'empoisonnement contre

HENRI I

Père du Prince de Condé.

(Bibliothèque Nationale)

son mari, par arrêt du Parlement, le 24 juillet 1596, et « son fils fut déclaré prince de sang,
héritier présomptif de la couronne ». A la cour
il passait inaperçu jusqu'au moment où il épousait Marguerite-Charlotte de Montmorency.

LES MONTMORENCY

I

Urbain de Laval de Montmorency.

Les Montmorency, l'une des plus illustres et
des plus anciennes familles de France, tiraient
leur nom de la petite ville de Montmorency.
Ses membres, qui s'appelaient Bouchard, por-
tèrent jusqu'en 1327 le titre de « premiers ba-
rons de France ». Sans parler des généalogistes
qui font remonter cette famille jusqu'au Gau-
lois Lisbius, lequel donnait l'hospitalité à
saint Denis, apôtre du christianisme en France,
et partagea son martyre ; ne parlant point davantage des chroniqueurs qui placent l'origine
des Montmorency aux temps de Clovis, et le
rattachent au franc-salien Lisoïe que Clovis,
lui-même, baptisait, il y a lieu de mentionner,

plus sûrement, Bouchard I, puissant feudataire du duché de France, mort en 980 : le premier baron authentique des Montmorency.

Urbain de Laval de Montmorency, qui d'abord combattait Henry, notamment à Ivry, et se ralliait ensuite, fut fait maréchal de France et, en chef, commanda les troupes que Louis XIII, en 1615, envoyait « contre les princes révoltés ». De sa première femme il eut Henri II de Montmorency impliqué dans la conspiration de Gaston d'Orléans contre le Roi et Richelieu, décapité à Toulouse le 30 octobre 1632, par ordre du cardinal qui voulait, écrit Michelet : « faucher ce dernier rejeton du monde féodal et chevaleresque (1) ».

(1) Ce cancanier spirituel, cette amusante mauvaise langue qu'est Tallemant des Réaux — et qu'alors il ne faut pas, de beaucoup s'en faut, croire sur parole, nous fait ce portrait :

« ... Il avait le geste le plus agréable du monde; aussi parlait-il plus du bras que de la langue. On dit, à propos de cela, que M. de Montmorency étant entré dans une compagnie où était feu M. de Candale, tout le monde lui fit fête, quoiqu'il n'eût fait, proprement, que remuer les bras. « Jésus, dit M. de Candale, que cet homme est heureux « d'avoir des bras ! » Mme de Rambouillet dit qu'une fois il voulut conter une chose qu'il savait fort bien, mais qu'il s'embrouilla tellement que le cardinal de La Valette, par

Sur le tard, il se remariait à Louise de Budos,
alors célèbre par sa beauté. La mort de Louise
fut étrange. Mais que de morts singulières en
ce xvie siècle! « Le diable dont elle tenait
sa surprenante et dangereuse beauté l'aurait
étranglée. » On chuchotait aussi — que ne
chuchotait-on pas à cette époque, et d'ailleurs,
de tous temps on ne prêta qu'aux riches —
que Henri IV « aurait eu pour elle un commencement de passion ». Elle mourut à Chantilly,

pitié, fut contraint de prendre la parole et d'achever le
conte. Il commençait souvent des compliments et demeurait à mi-chemin. On avait quelquefois bien de la peine à
s'empêcher de rire. Il ne disait pas de sottises, mais il
avait l'esprit court.

« En récompense, il était brave, riche, galant, libéral,
dansait fort bien, était bien à cheval et avait toujours des
gens d'esprit à ses gages, qui faisaient des vers pour lui,
qui l'entretenaient d'un million de choses et lui disaient
quel jugement il fallait faire des choses qui couraient en
ce temps-là. Il donnait beaucoup aux pauvres. Il était aimé
de tout le monde, mais adoré dans son quartier.

« Il était fort libéral. Il entendit qu'un gentilhomme disait: « Si je trouvais vingt mille écus à emprunter pour
« deux ans, ma fortune serait faite. » Il la lui prêta. Au terme
le gentilhomme lui rapporte l'argent. « Allez, lui dit-il, c'est
« assez que vous m'ayez tenu parole, je vous les donne de
« bon cœur... »

Lire d'ailleurs toute l'*Historiette* de M. de Montmorency.
Tallemant des Réaux, pp. 94-98. Paris, Garnier frères, 1861,
dans l'Édition Monmerqué.

vers 1598, deux années après ses épousailles, ayant eu pour fille, l'héroïne :

II

CHARLOTTE DE MONTMORENCY.

Les poètes, les chroniqueurs du temps ont, à l'envi, chanté ses charmes, proclamé la splendeur de son incomparable beauté. « Parut à la cour une jeune femme qui fut admirée et particulièrement remarquée par Henri IV (1). » — « Charlotte de Montmorency passait, elle aussi, pour être ensorcelée et pour avoir la puissance d'ensorceler comme sa mère (2). » — « Alors que Mlle de Montmorency n'avait que quatre ans on vit bien que ce serait une beauté extraordinaire. Elle avait le visage accompli, la taille riche, les cheveux blonds (3). » — « Elle était merveilleursement blanche, possédait dans le visage des grâces incomparables (4). »

(1) Duc d'Aumale, *Histoire des Princes de Condé*, II, 225.

(2) De la Ferrière, *Henri IV*, p. 331. Paris, Calman-Lévy.

(3) Tallemant de Réaux, *Historiette de Madame la Princesse*. Voir *Appendice*, I, p. 175, Paris, Garnier frères, 1861, édition Monmerqué.

(4) Cardinal Bentivoglio, *Relazione della fuga di Francidel principe de Condé*, traduction Fazardi, 1642.

— « Charlotte de Montmorency parut alors à la cour comme un soleil et, par son éclat, effaça toutes les autres beautés. Tout le monde avait les yeux sur ce nouvel astre ; et cette belle avait autant d'adorateurs qu'il y avait de galants à la cour (1). » — « Elle avait à peine quinze ans lorsqu'elle parut à la cour. On n'avait jamais rien vu de plus beau ; et quoique le siècle des Valois ait peut-être été le plus fécond en beautés, les vieux et les jeunes courtisans avouaient que Mlle de Montmorency surpassait toutes celles qui avaient brillé avec le plus d'éclat. La blancheur de son teint était admirable ; ses yeux vifs et pleins de tendresse en inspiraient au plus indifférent ; point de traits dans son visage qui ne fussent formés par les grâces ; le son de sa voix, son maintien, ses moindres actions avaient un charme qu'on ne pouvait se défendre d'admirer, et l'éloge était un tribut qu'on payait d'autant plus naturellement à son mérite qu'il était sans artifice. La nature, qui avait tout fait pour elle, la dispensait d'avoir recours aux ressources de l'art même les plus innocentes (2). »

(1) *Les Amours de Henri IV*, p. 233. Amsterdam, MDCCXLIII.

(2) *Mémoires et anecdotes de France*, pp. 304-305. Amsterdam.

A quelle rose ne fait honte
De son teint la vive fraîcheur ?
Quelle neige a tant de blancheur
Que sa gorge ne la surmonte ?
Et quelle flamme luit aux cieux
Claire et nette comme ses yeux ?

Soit que de ses douces merveilles
Sa parole enchante les sens,
Soit que sa voix, de ses accents,
Frappe les cœurs et les oreilles,
A qui ne fait-elle avouer
Qu'on ne peut assez la louer (1) ?

« Comme *Alcandre* — Henri IV — ne pouvait vivre sans quelque amour nouvelle, *Olimpe* — sa femme, Marie de Médicis — ayant repris la volonté de faire le ballet déjà proposé, entre les dames nommées pour en être, l'incomparable *Florise* — Charlotte de Montmorency — en fut l'une. Elle était si jeune alors qu'elle ne faisait que sortir de l'enfance. Sa beauté était si miraculeuse et ses actions si agréables qu'il y avait de la merveille partout... Il fau-

MDCCLXIV, chez Néaulne, libraire. A la Bible. Voir *Appendice.*

(1) Nous n'avons mis ici ces vers de Malherbe que parce que l'opinion commune les croit faits en l'honneur de Charlotte de Montmorency ; mais ces stances sont adressées à la vicomtesse d'Auchy. Voir MALHERBE, éd. Lalanne, d. 130, I, dans la *Collection des grands écrivains de la France.*

drait un volume entier pour raconter tous les accidents de cette amour, qui fut terminée par la mort de ce prince, ravi parmi les siens dont il était aimé jusqu'à l'adoration (1). »

Comment alors ne s'expliquerait-on pas, n'excuserait-on pas, cette passion quasi sénile — Henri IV avait, alors, cinquante-six ans — d'un monarque plus que galantin et qu'attirait la moindre « jupe »; surtout si cette jupe était attirante? « Comment l'esprit vient aux filles », dit un conte de La Fontaine. Comment l'amour vient aux vieillards, pourrions-nous dire ici : amour d'autant plus tenace, d'autant plus violent et irraisonné lorsqu'il fait sa proie de l'homme ayant dépassé l'automne de sa vie, sans vouloir encore « désarmer ».

(1) *Les Amours du GrandAlcandre,* p. 411, dans *Journal de Henri III*, t. IV, à la Haye, et se trouve à Paris chez la V⋅ de Pierre Gandouin — Quai des Augustins. — *A la Belle Image.* MDCCXLIV.

LE DRAMÉ HÉROÏ-COMIQUE

I

LE MARIAGE

Un astrologue avait prédit le dernier amour
de Henri IV; or, autrefois, parole d'astrologue,
parole sacrée, inéluctable.

Marie de Médicis étant accouchée, le
25 avril 1608, de Gaston, le futur duc d'Orléans, il prenait fantaisie à Henri IV de faire
tirer l'horoscope de l'enfant. Il exhumait alors
de l'oubli, où il était tombé depuis qu'était
morte Catherine de Médicis, le fameux Cosme
Ruggieri (1) que le procès de la Môle, plus particulièrement, avait rendu célèbre. Le nécro-
mancien répondit :

« Il sera d'une moyenne et fort belle sta-
ture, de corps assez beau et de bonne grâce,

(1) EUGÈNE DEFRANCE, *Catherine de Médicis. Ses astrologues*,
Paris, Mercure de France, MCMXI.

un peu brusqué en visage, mais, néanmoins, de belle majesté.

« Outre qu'il sera naturellement doué de belles et gracieuses manières.

« Aura les yeux grands et noirs, les cheveux aucunement frisés ; sa complexion sera humide et chaude.

« Sera marié à une princesse veuve, ou attendra longtemps avant de se marier et ainsi, plein de raisonnable âge, épousera une fille ; au reste, sera extrêmement paillard et adonné aux changements en matière d'amour et sera fort heureux, étant beau, grand, libéral en ses plaisirs.

« Cette nativité, Sire, augmente l'heure de vos plaisirs, mais plus avec jeunesse puérile qu'avec autres car, comme vous ai écrit plusieurs fois, il y a quelque menée de femmes entièrement contraire au bien et repos de l'État. Je crois aussi, par cette nativité, que bientôt vous aurez quelque nouvelle amour qui vous fera oublier de laisser toute ancienne affection (1). »

L'étincelle qui fit jaillir cette flamme ar-

____

(1) Dans H. DE LA FERRIÈRE, *Henri IV, op. cit.*, p. 330, d'après *Bibl. Nat.*, fonds Dupuy, n° 89, p 280.

dente dans ce cœur de monarque où toujours le feu couvait fut le *Ballet des nymphes de Diane* — pour Madame — ou plutôt, la ré-pétition de ce ballet, dansé en mars 1609, à Saint-Germain.

BALLET DE MADAME (1).

De petites nymphes
qui mènent l'Amour prisonnier.

A la fin, tant d'amants dont les âmes blessées
    Languissent nuit et jour,
Verront sur leur auteur leurs peines renversées
Et seront consolées aux dépens de l'Amour.

Ce public ennemi, cette peste du monde
    Que l'erreur des humains
Fait le maître absolu de la terre et de l'onde
Se trouve à la merci de nos petites mains.

Nous le vous ammenons dépouillé de ses armes,
    O roi, l'astre des rois !
Quittez votre bonté, moquez vous de ses larmes
Et faites-lui sentir la rigueur de vos lois.

(1) Madame était Élisabeth, l'aînée des filles du roi, née en 1602, qui devint plus tard reine d'Espagne.

Commandez que sans grâce on lui fasse justice.
        Il sera malaisé
Que sa vaine éloquence ait assez d'artifice
Pour démentir les faits dont il est accusé.

Jamais ses passions, par qui chacun soupire
        Ne nous ont fait d'ennui,   [pire
Mais c'est un bruit commun, que dans tout votre em-
Il n'est point de malheur qui ne vienne de lui.

Mars, qui met sa louange à déserter la terre
        Par ses meurtres épais,
N'a rien de si tragique aux fureurs de la guerre,
Comme ce déloyal aux douceurs de la paix.

Mais, sans qu'il soit besoin d'en parler davantage
        Votre seule valeur
Qui de son impudence a ressenti l'outrage
Vous fournit-elle pas une juste douleur ?

Ne mêlez rien de lâche à vos hautes pensées,
        Et, par quelques appas
Qu'il demande merci de ses fautes passées,
Imitez son exemple à ne pardonner pas.

L'ombre de vos lauriers admirés de l'envie
        Fait l'Europe trembler.
Attachez bien ce monstre ou le privez de vie,
Vous n'aurez jamais rien qui vous puisse troubler (1).

« La reine-mère, — raconte Tallemant des

(1) MALHERBE, I, p. 149, *op. cit.*, édition Lalanne des *Grands écrivains de la France.* Voir aussi III, p. 81, lettre à Peiresc.

Réaux — fit un ballet dont elle mit les plus belles de la cour; pensez qu'elle n'oublia pas Mlle de Montmorency qui pouvait, alors, avoir quatorze ans. On ne pouvait rien voir de plus beau ni de plus enjoué; mais il y en avait bien d'autres aussi spirituelles, pour le moins. Il y eut quelques démêlés entre la Reine et le Roi sur ce ballet... A la fin pourtant la Reine l'emporta. Pendant ce petit désordre, elle ne laissait pas de répéter son ballet. Pour y aller on passait devant la chambre du Roi; mais, comme il était en colère, il la faisait brusquement fermer, dès qu'elle venait pour passer.

« Un jour, il entrevit par cette porte Mlle de Montmorency; et, au lieu de la faire fermer, il sortit lui-même, et alla voir répéter le ballet. Or, les dames devaient être vêtues en nymphes; en un endroit elles levaient leur javelot, comme si elles eussent voulu le lancer. Mlle de Montmorency se trouva vis-à-vis du Roi quand elle leva son dard; et il semblait qu'elle l'en voulait percer. Le Roi a dit, depuis, qu'elle fit cette action de si bonne grâce, qu'effectivement il en fut blessé au cœur et pensa s'évanouir. Depuis ce moment l'huissier ne ferma plus la porte et le Roi laissa faire à la Reine tout ce qu'elle voulut (1). »

De longue date Charlotte de Montmorency était promise à Bassompierre : sous l'ancien régime, princes et princesses, reines et rois étaient fiancés dès le berceau.

Un jour, raconte Bassompierre, dans ses fort curieux Mémoires, étant allé chez M. le Connétable — le père de Charlotte — qui m'aimait

(1) TALLEMANT DES RÉAUX, I, pp. 177-178, *op. cit.* Sur ce ballet Tallemant revient encore dans son *Historiette de Mademoiselle Paulet :* « Elle y chanta des vers de Lingendre, qui commencent ainsi :

> Je suis cet amphion...

« Or, quoique cela convînt mieux à Arion, elle était pourtant sur un dauphin et ce fut sur cela qu'on fit ce vaudeville :

> Qui fit le mieux du ballet?
> Ce fut la petite Paulet,
> Montée sur un Dauphin (*Louis XIII*)
> Qui montéra sur elle enfin...

« Mais ç'a été un pauvre monteur que ce Monsieur le Dauphin. Son père y montait au lieu de lui. Henri IV, à ce ballet, eut envie de coucher avec la belle chanteuse. Tout le monde tombe d'accord qu'il en passa son envie. Il allait chez elle le jour qu'il fut tué. »

On pourrait aussi consulter sur ces amours avec Charlotte de Montmorency, notamment : GOURDON DE GENOUILLAC, *le Dernier Amour de Henri IV;* PAUL HENRARD, *Henri IV et la Princesse de Condé.*

CHARLOTTE-CATHERINE DE LA TRÉMOUILLE
MÈRE DU PRINCE DE CONDÉ

(Bibliothèque Nationale)

fort, il me dit qu'il voulait, le lendemain, me donner à dîner, et que je ne manquasse pas de m'y trouver : ce que je fis. Il avait, aussi, convié MM. d'Epernon, de Roquelaure, Zamet, un maître des requêtes nommé La Cave.

Quand nous fûmes arrivés, il commanda qu'on fermât la porte et qu'il voulait que rien ne l'interrompît de cette joyeuse compagnie de ses amis familiers, et ne voulût que personne, autre ses officiers, fût en sa chambre, que M. du Tillet, Girard et Rauchin, son médecin, auxquels il fit donner à dîner dans sa garde-robe, pour pouvoir, après-dîner, être auprès de lui.

Après que nous eûmes fait bonne chère et que nous nous fûmes levés de table, il nous fit seoir dans la ruelle et fit sortir tout le monde, commandant à Rachin de se tenir à la porte et la refuser à tous ceux qui y voudraient entrer.

Nous ne savions ni ne doutions pas seulement de ce qu'il voulait faire. Enfin, après que toutes choses furent dans l'ordre qu'il désirait, il nous dit :

— Messieurs, il y a longtemps que je pense à vous assembler pour le sujet présent, comme de mes plus chers et meilleurs amis auxquels je n'ai rien sur le cœur qui vous puisse être caché. Pour vous dire que j'ai reçu, pendant ma vie, infinies grâces et faveurs de Dieu qui, m'ayant fait naître d'un père grand et illustre, m'a conduit par la main durant une longue et heureuse vie, au sommet des plus grands honneurs, charges et dignités. Ce n'est pas qu'elle n'ait souvent été entremêlée de grandes traverses et déplaisirs parmi lesquels, par la grâce de Dieu, j'ai souffert avec patience ou surmonté avec courage et générosité les désordres survenus à notre maison, sur la fin de la vie du roi Charles et durant le règne du roi Henri III, qui m'ont donné le moyen d'exercer la souffrance et louer Dieu de m'en avoir si heureusement tiré. J'eus aussi plusieurs afflictions domestiques, comme la perte de feu mon fils et la mort de feue ma femme qui me laissa sur le bras deux enfants de bien bas-âge. Le mariage de mes deux filles aînées, qui n'ont pas été trop heureux, encore que j'eusse cherché des partis avantageux pour moi et pour elles. Néanmoins, étant avancé en âge, déjà, Dieu m'a fait la grâce de me donner un fils qui promet beaucoup pour la conservation de notre Maison, et une fille bien née, qui étant

désormais en état de la pouvoir marier, j'ai
cherché de le faire selon son consentement et
le mien. Ce qui me fait chercher un mari pour
ma fille et un gendre pour moi selon notre
cœur et notre désir. Et bien que je pense avoir
le choix de tous les princes de la France, je n'ai
point tant regardé de la loger en éminence
qu'en commodité, et pour y vivre le reste de
mes jours et le cours des siens avec joie et con·
tentement. Et l'estime que je fais de longue
main de la Maison, personne, biens et autres
avantages que la naissance donnait à M. de
Bassompierre, que voici, m'ont convié de lui
offrir que je n'y pense pas, ce que d'autres de
plus grande qualité que lui rechercheraient.

— Ce que j'ai voulu faire en présence de
mes meilleurs amis, qui sont aussi les siens en
particulier, et vous dire, Monsieur de Bassom·
pierre — s'adressant à moi — que vous ayant,
depuis que je vous connais, chèrement aimé
comme mon enfant, je vous en veux encore
donner cette présente preuve de vous le faire
être en effet, vous mariant avec ma fille que
j'estime devoir être heureuse avec vous, con
naissant votre bon naturel, et que vous serez
honoré d'épouser la fille et petite-fille de Con-

nétable, et de la Maison de Montmorency, et que je le serai aussi le reste de mes jours si je vous vois tous deux heureux et contents ensemble. Je lui donnerai cent mille écus en mariage, présentement et cinquante mille que mon frère lui léguera après sa mort. Et si rien ne vous empêche de vous marier, je donne maintenant charge à Girard, que voilà, de traiter avec vos gens ou avec votre mère, si elle est ici, des articles et des conventions nécessaires (1).

Il avait les larmes aux yeux de joie quand il acheva ce discours; et moi confus de cet honneur inopiné qui m'était si cher, je ne savais quelles paroles employer qui fussent dignes de ce que j'avais à lui dire.

Enfin, je lui répondis qu'un honneur si grand, si inespéré, que sa bonté me faisait présentement recevoir, m'ôtait la parole et ne me laissait qu'une admiration de ma bonne fortune. Que, comme ce bien était au-dessus de mon attente et de mon mérite, qu'il ne pouvait

(1) Le mariage se serait immédiatement célébré si le Connétable n'avait été subitement pris d'un douloureux et long accès de goutte. Quelque temps après c'était une goutte, aussi, qui immobilisait Henri IV dans son lit. Ces deux mêmes maux changèrent, pour ainsi dire, la face des événements. Encore « le nez de Cléopâtre » !

être payé que par de très humbles services et des soumissions infinies. Que ma vie serait trop courte pour y satisfaire et que je ne lui pouvais offrir qu'un cœur qui serait éternellement esclave de ses volontés. Qu'il ne donnerait pas un mari à Mademoiselle sa fille, mais une créature dont elle serait incessamment adorée, comme une princesse, et respectée comme une reine, et qu'il n'avait pas tant choisi un gendre comme un serviteur domestique de sa Maison, de qui toutes les actions dépendront de ses seules intentions et volontés, et que si en l'excès que la joie faisait en mon cœur, il me restait encore quelque sorte de considération, je lui demandai permission de lui dire mon unique appréhension, qui était que Mlle de Montmorency n'eût regret de quitter la qualité de Princesse, dont elle doit avec raison être assurée, pour occuper celle d'une simple dame, et que j'aimerai mieux mourir et perdre la grâce présente que M. le Connétable me faisait que de lui causer le moindre mécontentement.

Sur ce, comme j'étais sur un siège assez bas proche de lui, je mis un genou à terre et lui pris la main que je baisai; et lui, m'embrassant.

me tint assez longtemps en cet état. Après quoi il me dit que je ne me misse point en peine de cela; qu'avant de me parler, il avait voulu pressentir l'intention de sa fille, qui était très disposée à faire les volontés de son père, et particulièrement en celle-là qui ne lui était pas désagréable.

Incontinent le bruit de mon mariage (1) courut par la Cour, et le Roi, pour m'obliger, voulut aller le lendemain chez Mme d'Angoulême après avoir vu le matin M. le Connétable à qui il fit bonne chère... Mais, je sus cependant la mauvaise intention de M. de Bouillon contre moi, et il dit à M. de Roquelaure, qui me le dit après, que M. de Bassompierre voulait avoir sa charge de premier Gentilhomme de la Chambre et ne lui en parlait point; qu'il voulait épouser sa nièce, et ne lui en disait mot, mais qu'il brûlerait ses livres, qu'il n'aurait ni

(1) Dans Duc d'Aumale, I, p. 255, *op. cit.* : « Comme Charlotte avait perdu sa mère elle était conduite par sa tante, Mme d'Angoulême. Elle fut aussitôt entourée d'hommages et, dans cette foule d'adorateurs, elle distingua, assuret-on, le hardi et brillant Bassompierre. Du moins leur mariage semblait-il arrêté. Le Roi y avait consenti et voulait même donner au marié, comme cadeau de noces, la charge de premier gentilhomme de sa chambre » — dont était titulaire le duc de Bouillon. *Inde iræ.*

sa charge ni sa nièce. Et pour ce, en effet, commença à mettre les fers au feu vers Monsieur le
Prince lui proposant son mariage avec Mlle de
Montmorency (1). Que cette alliance lui donnait
pour parents tous les grands de la France, et
que des parents d'une personne de sa qualité
étaient ses créatures; qu'il devait préférer ce
parti à un plus grand à cette occasion; et que
s'il le perdait il ne pourrait plus se marier,
parce que le Roi ne lui souffrirait point de se
marier hors de France. De sorte qu'il ébranla
son esprit à consentir qu'il en parlât de sa
part à M. le Connétable, auquel j'avais déjà
donné avis que M. de Bouillon me voulait traverser. Mais M. le Connétable me dit que je
ne devais pas me mettre en peine de cela. Que
quelque parti qu'on lui proposât il le refuserait
et qu'il connaissait trop bien l'esprit de M. de
Bouillon pour s'y laisser séduire. Ainsi lui répondit-il fort aigrement lorsqu'il lui en parla

(1) « Condé, lorsqu'on le consulta, commençait par refuser net. Il était timide, sans expérience, gauche même et
de peu de galanterie; petit de taille et figure, en somme,
assez insignifiante, qui n'a guère, dans l'Histoire, d'autre
intérêt que d'être le père du vainqueur de Rocroi. » Dans
MERKE, la Marquise de Verneuil, p. 225. Plon, éditeur, Paris,
1912.

et lui dit que sa fille n'était point à chercher
parti, puisqu'elle en avait un tout trouvé et
qu'il avait honneur d'être grand-oncle de
Monsieur le Prince, ce qui lui suffisait.

Pendant la goutte du Roi il commanda à
Monsieur le Grand de veiller une nuit près de lui,
Grammont une autre nuit, et moi une autre ;
et nous relever ainsi de trois nuits en trois nuits
durant lesquels nous lui lisions le Livre d'Astrée (1) qui lors était en vogue ; et nous l'en-

(1) De d'Urfé, continué par Balthazar Buré. « Jamais, dit
Faguet, livre ne fut plus lu et n'eut une influence plus
grande. » Cette interminable pastorale est aujourd'hui
à peine feuilletée et mérite, du moins pour nous, cette juste
indifférence.

« On a voulu trouver dans *l'Astrée*, sous les bergers et
les bergères, les personnes de la Cour de Henri IV ; mais
il ne faut recevoir les *clefs* qu'avec défiance... On peut, si
l'on veut, reconnaitre Henri IV dans Euric, et dans Alci-
don ou Daphnide le duc de Bellegarde ou la duchesse de
Baufort ; à coup sûr le ton n'y est pas. » Le succès de ce
roman fut l'un des plus prodigieux dans l'histoire de notre
littérature. « Je ne peux indiquer tous les hommages
enthousiastes que cette œuvre valut à son auteur pendant
deux siècles. Saint François de Sales, évêque de Genève, et
Pierre Camus, évêque de Belley, disaient que parmi le
livres d'amour, *Astrée* était le plus honnête et le plus
chaste. Mme de Sévigné, pendant son séjour à Vichy, évoquait sur les rives de l'Allier les héros du Lignon, et, au
siècle suivant, sa petite-fille, Pauline de Simiane, rêvera
encore au druide Adamas... Huet, évêque d'Avranches'

tretenions lorsqu'il ne pouvait dormir, empêché par son mal.

C'était la coutume que les princesses le venaient voir; et Mme d'Angoulême plus principalement que pas une. Le Roi en était bien aise et entretenait sa nièce, quand Mme d'Angoulême parlait à quelqu'un de nous; lui disant qu'il la voulait aimer comme sa fille; qu'elle demeurerait au Louvre, l'année de mon exercice de premier Gentilhomme de la Chambre,

n'osait plus ouvrir *l'Astrée* de peur d'être obligé de la relire jusqu'au bout. Patru, qui avait connu d'Urfé, nous a laissé dans une lettre, la preuve du juvénile enthousiasme qu'il éprouvait pour l'auteur et pour le roman. Tallemant raconte que dans la société du cardinal de Retz on se divertissait à écrire des questions sur *l'Astrée*, et à reconstituer la géographie exacte du Forez. La Fontaine, qui composait un opéra sur ce sujet, appelle vraiment *exquise* l'œuvre de d'Urfé.

> Étant petit garçon, je lisais son roman.
> Et je le lis encore, ayant la barbe grise.

Boileau lui-même, qui n'a pas été tendre pour les romans, reconnaît dans *l'Astrée* une « narration vive et fleurie, des fictions ingénieuses, des caractères imaginés et bien suivis ». Segrais nous dit que, pendant près de quarante ans, on a tiré de *l'Astrée* les sujets de presque toutes les pièces de théâtre; il pouvait ajouter : aussi de la plupart des romans. Détail curieux, en Allemagne, il s'était formé, du vivant même de d'Urfé, une *Académie des vrais amants*, composée des vingt-neuf princes ou princesses et de dix-neuf seigneurs ou dames de la Cour, qui

et qu'il voulait qu'elle lui dît franchement si ce parti lui agréerait; parce que, s'il ne lui était pas agréable, il saurait bien rompre ce mariage et la marier à Monsieur le Prince, son neveu, si elle voulait.

Elle répondit que, puisque telle était la volonté de son père, elle s'estimerait bien heureuse avec moi.

Il m'a dit depuis que cette parole le fit résoudre à rompre mon mariage; craignant qu'elle ne m'aimât trop, à son gré, si je l'épousais. Il fut veillé, cette nuit-là, par M. de Grammont et ne dormit guère, car l'amour et la goutte

avaient pris les noms des héros de *l'Astrée*. Ils écrivirent à d'Urfé, pour le prier de prendre le nom de Céladon qu'ils ne se jugeaient pas dignes de porter. Le succès de *l'Astrée* se prolonge jusqu'au milieu du xviii· siècle: l'abbé Prévost, auteur de *Manon Lescaut*, s'enthousiasmait encore pour les aventures de Céladon, et Jean-Jacques Rousseau, de passage à Lyon, voulait aller visiter le Forez et rechercher sur les rives du Lignon l'ombre des Dianes et des Sylvandres; comme il se renseignait auprès de son hôtesse, elle lui dit que le Forez était un bon pays de forges et qu'on y travaillait fort bien le fer. Quelle désillusion ! « Cette bonne femme, ajoute mélancoliquement Rousseau, a dû me prendre pour un apprenti serrurier... » D'autres livres ont fait davantage pour le xvii· siècle ; je ne sais pas s'il en est un qui lui fasse, au fond, plus d'honneur, et en qui il reconnaisse plus exactement son image. Mouillot, *le Roman en France*, pp. 24-28, Paris, Masson.

tiennent ceux qu'ils attaquent, fort réveillés.

Il m'envoya chercher le lendemain, dès huit heures, par un garçon de la Chambre; et, comme je le fus venu trouver, il me dit pourquoi je ne l'avais pas veillé la nuit précédente.

Je lui répondis que c'était la nuit de M. de Grammont et que la prochaine était la mienne.

Il me dit qu'il n'avait jamais su fermer l'œil et qu'il avait souvent pensé à moi; puis, me fit mettre à genoux sur un carreau devant son lit, où il continua à me dire qu'il avait pensé à moi et de me marier.

Moi, qui ne pensais rien moins qu'à ce qu'il me voulait dire, lui répondis :

— Sans la goutte de M. le Connétable c'en serait déjà fait.

— Non, ce dit-il, je pensais vous marier à Mlle d'Aumalle et, moyennant ce mariage, renouveller le duché d'Aumale, en votre personne.

Je lui dis :

— Me voulez-vous donner deux femmes?

Lors il me répondit après un grand soupir :

— Bassompière, je te veux parler en ami. Je suis devenu non seulement amoureux, mais furieux et outré de Mlle de Montmorency. Si tu l'épouses et qu'elle t'aime, je te haïrai. Si elle m'aimait tu me haïrais. Il vaut mieux que cela ne soit point cause de rompre notre bonne intelligence, car je t'aime d'affection et d'inclination (1).

(1) Une des plus illustres amourettes de Bassompierre, juste en ce moment, était « celle de Mademoiselle d'Entragues, sœur de Madame de Verneuil, alors maîtresse de Henri IV. Il eut l'honneur d'avoir quelque temps le Roi pour rival. Testu, chevalier du guet, y servait Sa Majesté. Un jour, comme cet homme venait lui parler, elle fit cacher Bassompierre derrière une tapisserie, et disait à Testu qui lui reprochait de n'être pas si cruelle à Bassompierre qu'au Roi, qu'elle ne se souciait non plus de Bassompierre que de cela : et, en même temps, elle frappait d'une houssine, qu'elle tenait, la tapisserie à l'endroit où était Bassompierre. Je crois que le roi, pourtant, en passa son envie, car un jour le roi la baisa je ne sais où, et Mlle de Rohan, la bossue, sœur de feu M. de Rohan, sur l'heure, écrivit ce quatrain à Bassompierre :

> Bassompierre, on vous avertit,
> Aussi bien l'affaire vous touche,
> Qu'on vient de baiser une bouche
> Dans la ruelle de ce lit.

Il répondit aussitôt :

> Bassompierre dit qu'il s'en rit
> Et que l'affaire ne le touche.
> Celle à qui l'on baise la bouche
> A mille fois baisé son ...

« Je mettrai quand vous voudrez la rime entre vos belles mains. »

« Henri IV dit un jour au P. Cotton, jésuite : « Que feriez-

— Je suis résolu de la marier à mon neveu le Prince de Condé; et de la tenir près de ma famille. Ce sera la consolation et l'entretien de la vieillesse, où je vais désormais entrer. Je donnerai à mon neveu, qui aime mieux, mille fois, la chasse que les dames, cent mille livres par an pour passer son temps, et je ne veux autre grâce d'elle que son affection, sans rien prétendre davantage.

Comme il me disait cela, je considérais que quand je lui répondrais que je ne voulais pas quitter ma poursuite, ce serait une imprudence inutile parce qu'il était tout-puissant. Je m'avisai de lui céder de bonne grâce et lui dis :

— Sire, j'ai toujours ardemment désiré une chose qui m'est arrivée lorsque je m'y attendais le moins, qui était, par quelque preuve signalée, témoigner à Votre Majesté l'extrême et ardente passion que je lui porte, et combien véritablement je l'aime. Certes! il ne s'en pou-

« vous si on vous mettait coucher avec Mlle d'Entra-
« gues? — Je sais ce que je devrais faire, sire, mais je ne
« sais ce que je ferais. — Il ferait le devoir de l'homme,
« dit Bassompierre, et non celui du P. Cotton... » *Les Histo-
riettes* de TALLEMANT DES RÉAUX, t. V, pp. 199-200, édition Monmerqué, Paris, Garnier, 1861.

vait rencontrer une plus haute que celle-ci, de quitter sans peine et sans regret une si illustre alliance, une si parfaite Dame et si violemment aimée de moi; , puisque, par cette pure et franche démission et résignation, que j'en fais, je plais en quelque sorte à Votre Majesté. Oui, Sire, je m'en désiste pour jamais et souhaite que cette nouvelle amour vous apporte autant de joie que la perte me causerait de tristesse si la considération de Votre Majesté ne m'empêchait de la recevoir.

Alors le Roi m'embrassa et pleura, m'assurant qu'il ferait pour ma fortune comme si j'étais un de ses enfants naturels; et qu'il m'aimait chèrement, que je m'en assurasse, et qu'il reconnaîtrait ma franchise et mon amitié (1).

Là-dessus, l'arrivée des Princes et Seigneurs me fit lever; et comme il m'eût appelé et encore dit qu'il voulait me faire épouser sa cousine d'Aumalle, je lui dis qu'il avait eu la puissance

(1) Bassompierre était frivole, débauché, médiocrement amoureux. D'ailleurs, courtisan avant tout, il comprit qu'il fallait céder et ne chercha qu'à faire valoir son sacrifice. Condé était sans expérience, insouciant, peu clairvoyant encore; il avait une certaine crainte du Roi et, quand ce dernier lui eut fait connaître sa volonté, il se soumit plus facilement qu'on ne l'avait espéré.

de me démarier mais, que de me marier ailleurs, je ne le ferai jamais et, là dessus, finit notre dialogue (1).

J'allai dîner chez M. d'Epernon, et lui dis ce que le Roi m'avait dit le matin, lequel me dit que c'était une fantaisie du Roi qui passerait comme elle était venue.

(1) « Pour m'animer davantage à le servir, écrit Bassompierre, — quelques pages plus loin dans ses *Mémoires*, — le Roi m'offrit de me marier à Mlle de Chémilly qu'il venait de se démarier d'avec M. de Montmorency à qui il voulait faire épouser Mme de Vendôme sa fille. Il m'offrit aussi de faire rétablir en ma faveur la terre de Baupréau en duché et pairie ; mais j'étais, lors, tellement éperdu d'amour, que je lui dis que s'il voulait me faire quelque grâce, ce ne serait point par le mariage, puisque par mariage il m'avait fait tant de mal. » De sa maîtresse — qu'il refusa toujours d'épouser — Charlotte-Marie de Balzac d'Entragues, sœur de la marquise de Verneuil, maîtresse de Henri IV, Bassompierre eut un fils qui fut aumônier de Louis XIII, puis évêque de Saintes ; et de son union secrète avec la princesse de Conti, un autre fils : François de la Tour. — Colonel général des Suisses, Grand maître de l'artillerie, ambassadeur en Espagne, négociateur du traité de la Valteline, maréchal de France, ambassadeur en Angleterre et en Suisse, prenant une part active au siège de la Rochelle et à la bataille du Pas-de-Suze, enfermé à la Bastille — où il rédigeait ses *Mémoires* — parce que impliqué dans le « complot de la Journée des dupes », puis rentré en grâce, Bassompierre fut (1646) trouvé mort dans son lit à Provins. Voir son *Historiette*, IV, pp. 194-208, *op. cit.* de TALLEMANT DES RÉAUX.

— Ne vous en alarmez pas, car Monsieur le Prince qui connaîtra le dessein de Sa Majesté, d'abord ne s'y engagera pas.

Ce que je me persuadais aussi, parce que je le désirais; et n'en dis plus mot à personne.

Il est vrai que, comme sous le Ciel, il n'y avait rien de si beau que Mlle de Montmorency, ni de meilleure grâce, ni de plus parfaite, elle était fort dans mon cœur; mais, comme c'était un amour réglé de mariage, je ne le ressentais pas si fort que je le devais. Il arriva que, le soir, le Roi joua à trois dés, selon sa coutume, ayant fait mettre une table à la ruelle de son lit. Comme nous jouions avec lui, Mme d'Angoulême arriva avec sa nièce qu'elle avait envoyé quérir, laquelle il entretint fort longtemps de l'autre côté du lit. Cependant je regardais sa nièce, qui ne savait rien de toute cette affaire et je ne pouvais m'imaginer qu'elle fut pour réussir en telle sorte. Après qu'il eut parlé à la tante, il entretint longuement sa nièce, puis ayant repris la tante, comme Mlle de Montmorency se retira, moi la regardant, elle haussa à mon avis ses épaules pour me montrer ce que le Roi lui avait dit. Je ne mens point de ce que je vais dire : cette seule action me perça le

HENRI II DE BOURBON
à l'âge de 15 ans.

(Bibliothèque Nationale)

cœur et me fut sensible que, sans pouvoir continuer le jeu je feignis de saigner du nez et sortis
du premier cabinet et du second.

Les valets de chambre m'apportèrent sur le
petit degré mon manteau et mon chapeau.
J'avais laissé mon argent à l'abandon que Be-
ringhem serra; et, ayant rencontré au bas du
degré le carrosse de M. d'Epernon, je montai
dedans et dis au cocher qu'il me menât à mon
logis. Je rencontrai mon valet de chambre
avec lequel je montai dans mon appartement;
lui défendant de dire que j'y étais et y demeurai
deux jours à me tourmenter comme un pos-
sédé, sans dormir, boire ni manger. On crut
que j'étais allé à la campagne, comme je faisais
souvent de pareilles équipées. Enfin mon valet
craignant que je ne mourusse, ou que je ne
perdisse le sens, le dit à M. de Pralin qui me
mena le soir même à la Cour où chacun fut
surpris de me voir en deux jours si amaigri,
et si changé que je n'étais pas reconnaissable.

Deux ou trois jours après Monsieur le Prince
se déclara de vouloir épouser Mlle de Montmorency et, me rencontrant, me dit :

— Monsieur de Bassompière je vous prie
de vous rencontrer ce soir chez moi, pour

m'accompagner chez Mme d'Angoulême, où
je veux offrir mon service à Mlle de Montmorency.

Je lui fis une grande révérence, mais je n'y
allai point.

Cependant, pour ne demeurer oisif et me
réconforter de ma perte, je me divertis en me
raccommodant avec trois dames que j'avais entièrement quittées, pensant me marier; une
desquelles fut Entragues que je vis chez
Mme de Senteni; les autres par rencontre sans
y penser; et m'y rembarquai.

Sur le commencement de l'année 1609 ma
mère s'en retournait en Lorraine. Monsieur le
Prince, enfin, fiança sa maîtresse. J'étais, un
matin, chez le Roi, qu'il vint me dire, comme
à plusieurs autres :

— Monsieur de Bassompierre, je vous prie
de vous trouver cette après-dînée chez moi
pour m'accompagner à mes fiançailles.

Le Roi qui le vit parler à moi me demanda
ce qu'il m'avait dit.

— Une chose, Sire, lui répondis-je, que je
ne ferai pas. Que je l'accompagne pour se venir
fiancer! N'est-il pas assez grand pour y aller
tout seul? Ne saurait-il se fiancer sans moi?

Je vous réponds que s'il n'a d'autre accompa-
gneur que moi, il sera fort mal suivi.

Le Roi dit qu'il voulait que je le fisse et moi
je lui répondis que je le suppliai très humblement de ne me le point commander, car je ne
ferai pas. Que Sa Majesté se devait contenter
que j'avais abandonné ma passion au premier
de ses désirs et de ses volontés, sans me vouloir forcer d'être mené en triomphe après
m'avoir ravi ma femme prétendue et tout mon
contentement.

Le Roi qui était le meilleur des hommes me
dit :

— Je vois bien, Bassompierre, que vous êtes
en colère, mais je m'assure que vous ne manquerez pas d'y aller, quand vous aurez considéré que c'est mon neveu, premier Prince du
sang qui vous en a prié lui-même.

Et, sur cela, me quitta et prit MM. de Pralin et de Termes en leur commandant de venir
dîner avec moi, et me persuader d'y aller,
puisque c'était de mon devoir et de la bienséance.

Ce que je fis après leurs remontrances; mais
ce fut de sorte que je ne partis que lorsque les
princesses ammenèrent la fiancée au Louvre,

et qu'elle passa devant mon logis : ce qui m'obligea de l'accompagner avec ces Messieurs qui avaient dîné chez moi. Et puis, de la porte du Louvre, nous nous en retournâmes trouver Monsieur le Prince, que nous rencontrâmes, comme il sortait du Pont neuf, pour y venir.

Les fiançailles se firent en la galerie du Louvre (1) et le Roi, par malice, s'appuyant

(1) En décembre 1608. — A la page 444. — Appendice de l'*Histoire des Princes de Condé, op. cit.*, est résumé le contrat.

Le roi donnait aux futurs époux 150.000 livres.

Les futurs époux seraient mariés communs de biens, sauf certaines réserves.

L'oncle de la future épouse lui donnait les trois quarts de la terre de Saint-Lyébault, sise au bailliage de Troyes, et la terre d'Orvilières sise près Montdidier, mais s'en réservant l'usufruit.

Le Connétable donnait à sa fille 300.000 livres et une rente annuelle de 5.000 livres tant que durerait l'usufruit de l'amiral.

La future épouse renonçait à la succession de son père et de sa mère, sauf le cas où, son frère mourant sans enfants, elle serait rappelée, avec ses sœurs, au partage des dites successions.

Une rente annuelle de 12.000 livres et la jouissance d'un des châteaux de Valery-Luz (?) ou Muret étaient assignés à la future épouse à titre de douaire en cas de prédécès de son mari.

Les expéditions du contrat, revêtues du scel de la prévôté de Paris, furent faits et passés doubles « en l'hôtel de Montmorency, à Paris, rue Saint-Avoye, le 3 mars 1609 ».

A Charlotte le roi offrait « un magnifique présent de

sur moi me tint contre les fiancés tant que la cérémonie dura. Deux jours après je tombai malade de la fièvre tierce et après que j'en eus eu quatre accès, en un matin, après avoir pris médecine, un Gentilhomme gascon, nommé Noé, me vint trouver au lit et me dit qu'il désirait se battre avec moi quand je serais en santé. Je répondis que j'en avais à revendre quand c'était pour me battre et me levai sur l'heure avec ma médecine dans le corps, et l'allai trouver au rendez-vous qu'il m'avait donné et qui était à Bicêtre, par un extrême brouillard et y ayant deux pieds de neige sur la terre. Comme nous fûmes en présence, deux gascons, nommés la Graulas et Carbon, et un nommé le Fai, vinrent passer près de nous,

pierreries et de splendides habits de noces ». Des réjouissances publiques eurent lieu : un édit concéda « la création et érection d'une maîtrise jurée de chacun art et métier en toutes les villes, bourgs et faubourgs et lieux du royaume et pays de l'obéissance du Roi ».

Voir dans *Économies royales* de SULLY, édit., Michaud, II, p. 299 : *Certificat de Mme d'Angoulême :* « Je certifie que Messier, orfèvre, m'a fourni et livré des pierreries pour Madame la Princesse ; desquelles j'ai fait prix avec le dit Messier, et promet bailler icelles à la dite dame, pour les représenter humblement Sa Majesté. En foi de quoi, j'ai signé la présente de ma main. *A Paris, le 29 Mai 1609 :* DIANE DE FRANCE. »

pour nous arrêter, et lui me dit : — A une autre
fois !

Je lui criai qu'il montât à cheval; c'est ce
qu'il fit, mais nous ne nous pûmes approcher,
ni reconnaître qu'à notre parole. Comme j'ar-
rivais, Carbon qui nous voulait séparer rencontra le cheval de Noé, en flanc, et le porta
par terre. C'était un grand embarras, dans
l'épaisseur de ce brouillard, car je faillis à tuer
la Graulas, le prenant pour Noé. Enfin, je m'en
allai à Chantilly, ne pouvant plus supporter
ma médecine. Reigni, la Feuillade, et quelques
autres arrivèrent qui me ramenèrent bien malade en mon logis.

Toutefois, parce qu'il y avait un ballet de
filles qui se dansait le soir à l'Arsenal, où le
Roi, la Reine, et les Princesses étaient, et que
je fus convié de m'y trouver; je ne laissai pas
d'y aller, en l'état que j'étais, et d'y demeurer
jusqu'au lendemain; dont je fus si malade que
j'en pensais mourir; et ne me levai du lit que
le Mardi-Gras, pour aller à l'Arsenal où l'on
courait une bague que Mlle de Montmorency
donnait (1). Je ne courus point parce que

___

(1) « Le Roi, dans sa passion, fit toutes les folies que
pouvaient faire les jeunes gens. Quoiqu'il eût cinquante-

j'étais encore trop faible; mais le Roi m'appelait auprès de lui pour lui aider à entretenir la dame qui donnait la bague; ce que je fis assez bien. Mais il y eut une brouillerie pour un galant qui lui manquait, lequel Dandelot, sans son sçu, donnait à Monsieur le Grand, qui le porta sur son chapeau en courant; ce que je fis voir au Roi.

Le ballet de la Reine se dansa le premier Dimanche de Carême, qui fut le plus beau et le dernier aussi, de ceux qu'elle a dansés. Après quoi le Roi s'en allait à Fontainebleau... Peu de temps après Monsieur le Prince s'alla marier à Chantilly. Le Roi revint de Fontainebleau à Paris. Deux jours après M. le Connétable fut un peu malade et je le vis (1).

Autant les fiançailles avaient été magni-

trois ans, ou environ, il courait la bague avec un collet de senteurs, et des manches de satin de la Chine. » TALLEMANT DES RÉAUX, *op. cit.*, I, p. 178. — Voir à l'Appendice : *Historiette de Madame la Princesse.*

(1) *Mémoires du Maréchal de Bassompierre*, I., pp. 136-146. A Cologne chez Jean Sambix le jeune, à la Couronne d'Or. MDCC, XXI. — Cf. *les Galanteries des Rois de France*, III, pp. 64-72. A Cologne, chez Pierre Marteau. — Voir Appendice. — Et aussi *les Amours de Henri IV, op. cit,* pp. 232 et 59.

fiques autant le mariage fut discret. Malherbe écrit à Peiresc :

« Le mariage de Monsieur le Prince s'est fait avec peu de frais, mais avec bien de la gaieté. M. le Connétable et Mme d'Angoulême (1) y ont dansé; jugez par là comme la débauche y a été grande. Toutes les dames sont de retour depuis quatre ou cinq jours; je veux dire Madame la Princesse et Mesdames les princesses de Condé et d'Orange (2). Elles s'en vont cette semaine prochaine à Fontainebleau... »

(1) Les lettres de dispense n'arrivèrent qu'en avril 1609. C'est le 17 mai que fut célébré le mariage, à Chantilly, chez le Connétable. — V. MALHERBE, *op. cit.*, III, p. 88.

Mme d'Angoulême, dont nous avons si souvent parlé, et que nous rencontrions autour du lit de Henri IV alors qu'on lui lisait *l'Astrée*, était *Diane*, duchesse de Châtellerault, d'Étampes et d'Angoulême. Née en 1538 de Henri II, roi de France, et d'une jeune Piémontaise, Filippa Duc. Mariée le 13 février 1552 à Orazio Farnèse, duc de Castro, puis, le 3 mai 1557, à François de Montmorency, maréchal de France, devenant ainsi la tante par alliance de Charlotte. Elle mourut le 11 janvier 1619, à Paris. — Voir Appendice.

(2) La princesse d'Orange, que bientôt nous retrouverons, était sœur de Henri II de Condé devenant la belle-sœur de la nouvelle épousée.

II

L'ÉVASION EN BELGIQUE

Voilà donc Charlotte mariée à Henri II prince de Condé. Henri IV, alors, se persuade que ses amours, le mari étant complaisant, « seront de tout repos ». D'ailleurs que peut-on refuser au Monarque, au Roi de France ?

> ... Vous leur fîtes, Seigneur,
> En les croquant beaucoup d'honneur (1).

Henri IV commence à perdre la tête. Madame la Princesse est jeune, elle est espiègle, elle est coquette. Cet amour du monarque l'amuse, elle l'aguiche, elle en tire vanité, elle s'en fait quelque peu la complice ; tout au moins pour la galerie.

« Le Roi obtint d'elle, une fois, qu'elle se montrerait tout échevelée sur un balcon, avec

(1) LA FONTAINE, *les Animaux malades de la peste.*

deux flambeaux à ses côtés. Il s'en évanouit quasi, et elle dit : « Jésus qu'il est fou! » Elle se laissa peindre par lui en cachette : ce fut Ferdinand qui fit le portrait. M. de Bassom pierre l'emporta vite après qu'on l'eut frotté de beurre frais, de peur qu'il ne s'effaçât; car il fallut le rouler pour le porter sans qu'on le vît. Quelques années après Madame la Princesse croyant que Ferdinand aurait oublié cela, ou bien n'y songeant plus, lui demandait, un jour, quel portrait, de tous ceux qu'il avait faits, en sa vie lui avait semblé le plus beau. « C'est, dit-il, un qu'il fallut frotter de beurre frais. Cela la fit rougir (1). »

Même en ces temps de mœurs si libres, ces exagérations amoureuses parurent extraordinaires et, même, malséantes. « N'êtes-vous pas bien méchant (2), disait à Henri IV Mme de Verneuil, sa maîtresse, alors en titre, n'êtes-

(1) TALLEMANT DES RÉAUX, *op. cit.*, I, 79. — Voir Appendice.

(2) Nous trouvons, dit MERKI (*la Marquise de Verneuil, op. cit.*, p. 244), l'origine de ce « potin » dans L'ESTOILE, éd. Michaud, II, p. 547. La mère de Henri II, Charlotte de la Trémoille, aurait été la maîtresse de Henri IV, alors qu'il n'était que roi de Navarre. Mais peut-être n'est-ce qu'un mot de femme — jalouse, d'ailleurs, et mauvaise — d'après une gasconnade du roi gascon.

vous pas bien méchant de vouloir coucher avec la femme de votre fils? Car vous savez bien que vous m'avez dit qu'il l'était! »

Le mari lui-même fut obligé de s'en émouvoir et de ne pas être «le complaisant» qu'avait espéré le monarque (1). Tout d'abord il supplia le Roi « qu'il voulût bien le laisser retirer en l'une de ses maisons ». Henri IV refusa. « Vous êtes un tyran, lui dit le Prince. » — « Je n'ai fait acte de tyran qu'une fois dans ma vie, c'est lorsque je vous ai fait reconnaître pour ce que vous n'étiez pas et quand vous voudrez je vous montrerai votre père à Paris », répliquait Henri IV.

(1) « Cependant la passion du Roi pour la princesse de Condé continuait toujours ; et même elle était devenue si publique qu'on ne parlait presque d'autre chose. Le prince de Condé qui, avec un peu de complaisance, aurait pu obtenir les premières charges du royaume, ne fut pas d'avis de s'enrichir aux dépens de son honneur. Il avait tant de délicatesse qu'il croyait ne pouvoir plus souffrir la continuation de cette intrigue, sans se rendre le juste objet du mépris de toute la cour. D'ailleurs les scrupuleux, les mécontents et les ennemis cachés du Roi, gens malins et inquiets, n'aimant que le trouble, pour l'amour du trouble lui-même, mettaient, s'il faut ainsi dire, le feu sous le ventre et irritaient sa jalousie qui n'était que trop grande. La Reine, toujours la même, ne cessait de semer la zizanie. Le Prince en vint aux emportements ». *Les Amours de Henri IV*, *op. cit.*, p. 244.

Ce fut ensuite à sa mère, elle-même, que le Prince s'en prenait. Averti que le Roi s'en servait « comme d'un instrument propre à corrompre sa femme, il entrait en grandes paroles avec elle, lui reprochant de n'avoir pas la honte sur le front, lui dit pouilles, l'appela même maquerelle ou d'autres noms qui ne valaient pas mieux ».

Ne se possédant plus, Henri IV écrivit au père de Charlotte, lettre du 12 juin 1609 :

« *A mon compère le Connétable de France.* — Mon compère ; j'envoie ce porteur vers vous, pour les raisons qu'il vous dira ; de quoi je vous prie de le croire et que mon neveu, votre gendre, fait ici bien le diable. Il est besoin que vous et moi parlions à lui ensemble afin qu'il soit sage ; mais je n'attends pas votre arrivée pour commencer. Il est nécessaire que vous fassiez ce que ce dit porteur vous dira ; de quoi je l'ai bien particulièrement instruit. A Dieu, mon compère, assurez-vous toujours de la continuation de mon amité. Ce xij juin, à Fontainebleau. »

Et, ce même jour, à Sully :

« *Au duc de Sully.* — Mon ami, Monsieur le

---

(1) L'ESTOILE, II, p. 515, éd. Michaud.

Prince est ici qui fait le diable. Vous seriez en colère et auriez honte des choses qu'il dit de moi. Enfin la patience m'échappera, et je me résous de bien parler à lui. Cependant, si on ne lui a pas encore payé le quartier d'avril de sa pension, défendez qu'on ne le paie sans parler à vous ; et si quelques-uns des siens y vont pour cet effet, vous leur direz que vous ne pouvez que vous n'en ayez commandement de moi, comme aussi à son pourvoyeur et autres qui vous iront trouver pour être payés de leurs dettes sur ce que je lui ai donné pour son mariage, et qu'il tient des langages de moi fort étranges. Si l'on ne le retient par ce moyen-là il en faudra prendre quelqu'autre, car il est honteux de ouïr ce qu'il dit et nous en aviserons ensemble lorsque vous serez près de moi. A Dieu, mon ami. Ce xij juin, à Fontainebleau (1). »

Quelle mesquinerie ! Par dépit amoureux, un Roi de France « coupe les vivres » à l'un de ses sujets, parce que, de sa femme, il désespère de faire sa maîtresse. Emportement de passage, à vrai dire : car ces violences n'étaient ni

____

(1) *Lettres Missives, op. cit.,* pp. 721-722, t. VII.

dans son caractère ni dans ses habitudes; aussi la lettre à Sully n'eut-elle aucune suite.

Vous êtes un « bougre », disait enfin, exaspéré, le Prince au Roi; et le Prince « enlevait » sa femme, qu'il emmenait, à grand galop, en croupe, à son château de Valéry, près de Sens. De ce départ subit, qu'il ne prévoyait point, Henri IV fut inconsolable. Il demandait à Malherbe de « chanter sa douleur » et ce poète de talent, cet homme parfois si revêche, si brusque voulut bien abaisser sa Muse jusqu'à ce rôle de courtisane et quasi d'entremetteuse. Mais autres temps, autres mœurs. A cette époque rois et seigneurs n'avaient-ils pas des poètes à leurs soldes; c'était, alors, monnaie courante de droits d'auteurs. Donc, par Malherbe, s'exhalèrent ainsi les plaintes royales.

STANCES.

Donc, cette merveille des cieux
Pour ce qu'elle est chère à mes yeux
En sera toujours éloignée;
Et mon impatiente amour
Par tant de larmes témoignée
N'obtiendra jamais son retour.

Mes vœux donc ne servent de rien ;
Les Dieux ennemis de mon bien
Ne veulent plus que je la voie ;
Et semble que les rechercher
De me permettre cette joie
Les invite à me l'empêcher.

O beauté, reine des beautés,
Seule de qui les volontés
Président à ma destinée,
Pourquoi n'est comme la toison
Votre conquette abandonnée
A l'effort de quelque Jason ?

Quels feux, quels dragons, quels taureaux,
Quelle horreur de monstres nouveaux
Et quelle puissance de charmes
Garderait que jusqu'aux enfers
Il n'allasse avecque les armes
Rompre vos chaînes et vos fers ?

N'ai-je pas le cœur aussi haut,
Et pour oser tout ce qu'il faut
Un aussi grand désir de gloire,
Que j'avais lorsque je couvri
D'exploits d'éternelle mémoire
Les plaines d'Arques et d'Ivri ?

Mais quoi ? Ces lois dont la rigueur
Tiennent mes souhaits en langueur
Règnent avec un tel empire,
Que si le ciel ne les dissout,
Pour pouvoir ce que je désire,
Ce n'est rien que de pouvoir tout.

Je ne veux point, en me flattant
Croire que le sort inconstant,
De ces tempêtes me délivre ;
Quelque espoir qui se puisse offrir,
Il faut que je cesse de vivre
Si je veux cesser de souffrir.

Arrière donc ces vains discours,
Qu'après les nuits viennent les jours,
Et le repos après l'orage ;
Autre sorte de réconfort
Ne me satisfait le courage
Que de me résoudre à la mort.

C'est là que de tout mon tourment
Se bornera le sentiment ;
Ma foi seule, aussi pure et belle,
Comme le sujet en est beau,
Sera ma compagne éternelle
Et me suivra dans le tombeau.

Ainsi d'une mourante voix,
Alcandre au silence des bois (*Henri IV*)
Témoignait ses vives atteintes ;
Et son visage sans couleur
Faisait connaître que ses plaintes
Étaient moindres que sa douleur.

Oranthe qui par les Zéphyrs (*Charlotte*)
Reçut les funestes soupirs
D'une passion si fidèle,
Le cœur outré de même ennui,
Jura que s'il mourait pour elle
Elle mourrait avecque lui.

HENRI II DE BOURBON

(Bibliothèque Nationale)

Ni Charlotte, ni Henri. sans doute, n'entendirent cette prière de l'enamouré : Alors, à nouveau, Malherbe d'accorder son luth, et dans la dernière stance, de donner, enfin, un espoir au roi. Horace ne concède-t-il pas aux poètes le droit d'avoir toutes les audaces ?

Pour Alcandre.

Quelque ennui donc qu'en cette absence,
Avec une injuste licence
Le destin me fasse endurer,
Ma peine lui semble petite
Si chaque jour il ne l'irrite
D'un nouveau sujet de pleurer.

Paroles que permet la rage
A l'innocence qu'on outrage,
C'est aujourd'hui votre saison ;
Faites-vous ouïr en ma plainte ;
Jamais l'âme n'est bien atteinte
Quand on parle avecque raison.

O fureurs dont même les Scythes
N'useraient pas vers des mérites
Qui n'ont rien de pareil à soi,
Ma Dame est captive, et son crime
C'est que je l'aime et qu'on estime
Qu'elle en fait de même de moi.

Rocher où mes inquiétudes
Viennent chercher les solitudes

Pour blasphémer contre le sort,
Quoique insensibles aux tempêtes,
Je suis plus rocher que vous n'êtes
De le voir et n'être pas mort.

Assez de preuves à la guerre,
D'un bout à l'autre de la terre,
Ont fait paraître ma valeur ;
Ici, je renonce à la gloire,
Et ne veux point d'autre victoire
Que de céder à ma douleur.

Quelquefois les Dieux pitoyables
Terminent des maux incroyables ;
Mais, en un lieu que tant d'appas
Exposent à la jalousie,
Ne serait-ce pas frénésie
De ne les en soupçonner pas ?

Qui ne sait combien de mortelles
Les ont fait soupirer pour elles,
Et, d'un conseil audacieux,
En bergers, bêtes et satyres,
Afin d'apaiser leurs martyres,
Les ont fait descendre des cieux ?

Non, non ; si je veux un remède,
C'est de moi qu'il faut qu'il procède,
Sans les importuner de rien :
J'ai su faire la délivrance
Du malheur de toute la France ;
Je la saurai faire du mien.

Hâtons donc ce fatal ouvrage :
Trouvons le salut au naufrage ;

Et multiplions dans les bois
Les herbes dont les feuilles peintes
Gardent les sanglantes empreintes
De la fin tragique des rois.

Pour le moins, la haine et l'envie
Ayant leur rigueur assouvie,
Quand j'aurai clos mon dernier jour
Oranthe sera sans alarmes,
Et mon trépas aura des larmes
De quiconque aura de l'amour.

A ces mots tombant sur la place,
Transi d'une mortelle glace,
Alcandre cessa de parler ;
La nuit assiégea ses prunelles ;
Et son âme, étendant les ailes,
Fut toute prête à s'envoler,

Que fais-tu, monarque adorable ?
Lui dit un démon favorable,
En quels termes te réduis-tu ?
Veux-tu succomber à l'orage,
Et laisser perdre à ton courage
Le nom qu'il a pour sa vertu ?

N'en doute point, quoi qu'il advienne.
La belle Oranthe sera tienne ;
C'est chose qui ne peut faillir.
Le temps adoucira les choses,
Et tous deux vous aurez des roses
Plus que vous n'en sauriez cueillir (1).

(1) On voit combien Malherbe fut mauvais prophète. Cette poésie *pour Alcandre* fut écrite alors que la Princesse était

Les vicissitudes de cette passion laissaient peu de repos à la Muse du poète. Pendant toute l'année 1609 elle « fut à l'œuvre ». La Princesse reparaît-elle un moment à la Cour, aussitôt le poète fait, de nouveau, parler Alcandre.

POUR ALCANDRE,
au retour d'Oranthe à Fontainebleau.

Revenez, mes plaisirs, ma dame est revenue ;
Et les vœux que j'ai faits pour revoir ses beaux yeux,
Rendant par mes soupirs ma douleur reconnue,
    Ont eu grâce des cieux.

Les voici de retour, ces astres adorables
Où prend mon océan son flux et son reflux ;
Soucis, retirez-vous ; cherchez les misérables ;
    Je ne vous connais plus.

Peut-on voir ce miracle où le soin de nature
A semé comme fleurs tant d'aimables appas,
Et ne confesser point qu'il n'est pire aventure
    Que de ne la voir pas ?

Certes, l'autre soleil d'une erreur vagabonde
Court inutilement par ses douze maisons ;
C'est elle, et non pas lui, qui fait sentir au monde
    Le change des saisons.

à Bruxelles ; mais nous avons groupé toutes ces « plaintes d'amour » qui s'espacent en époques diverses.

Avecque sa beauté toutes beautés arrivent ;
Ces déserts sont jardins de l'un à l'autre bout ;
Tant l'extrême pouvoir des grâces qui la suivent
    Les pénètre partout !

Ces bois en ont repris leur verdure nouvelle ;
L'orage en est cessé, l'air en est éclairci ;
Et même ces canaux ont leur course plus belle,
    Depuis qu'elle est ici.

De moi, que les respects obligent au silence,
J'ai beau me contrefaire et beau dissimuler ;
Les douceurs où je nage ont une violence
    Qui ne se peut céler.

Mais, ô rigueur du sort ! tandis que je m'arrête
A chatouiller mon âme en ce contentement,
Je ne m'aperçois pas que le destin m'apprête
    Un autre partement.

Arrière ces pensers que la crainte m'envoie ;
Je ne sais que trop bien l'inconstance du sort :
Mais de m'ôter le goût d'une si chère joie,
    C'est me donner la mort.

Le Prince et la Princesse étaient, en effet, revenus de Saint-Valéry pour assister, par ordre certainement, aux noces du duc de Vendôme, fils naturel de Henri IV, avec Mlle de Mercœur, le 7 juillet (1).

(1) Sur ces notes voir une intéressante lettre de Malherbe à Peiresc, 19 juillet 1609, t. III, pp. 91-95, édition Lalanne,

« A ces noces magnifiques et triomphantes qui furent célébrées à Fontainebleau, le Roi parut sur tous les autres comme un soleil entre les étoiles, et tout brillant de perles et pierreries de valeur inestimable, avec un habillement fort riche et accoutré, disait-on, en amoureux, courant la bague et l'emportant presque toujours, n'ayant que lui, et Monsieur le Prince, au dire de la Cour, qui donnassent bien dedans (1). »

op. cit. « ... L'épousée et le reste des dames furent si longtemps à se parer que la messe ne se dit que sur les cinq heures. Elle avait un manteau ducal et une couronne ducale. Ce manteau ducal était de velours cramoisi violet, attaché sur les épaules avec des nœuds de pierrerie. Il était doublé d'hermine sans aucune fleur de lys ; la queue en était longue d'environ trois aunes et même davantage. La couronne ducale était toute de pierrerie, c'est-à-dire de diamants ; car d'autres pierres il ne s'en parle du tout plus. Elle pouvait avoir quatre doigts de haut et autant de diamètre. Sa robe était de toile d'argent et n'en paraissait que le devant qui était couvert d'une grande enseigne de pierrerie. La compagnie partait de la chambre de la Reine... » *La Reine gardait la chambre parce que Malherbe ne donne pas ce détail réaliste elle avait alors une forte colique.* Suit, dans cette lettre, la description des toilettes qu'avaient les princesses, les dames de la cour, toilettes évidemment plus superbes, plus riches les unes que les autres, et il continue : « De la messe on alla droit au festin royal... La table était dressée en potence... »

(1) L'ESTOILE, II, p. 522, éd. Michaud.

Mais, les allusions, les plaisanteries, plutôt
gaillardes, redeviennent plus vives. Le séjour
de Henri II et de sa femme, soit à Paris, soit
à Fontainebleau devient de plus en plus
impossible. Nouvelle fuite. Le prince part avec
sa femme pour son château de Muret, près
Soissons.. Alors,

Alcandre plaint la captivité de sa maîtresse.

Que d'épines, Amour, accompagnent tes roses !
Que d'une aveugle erreur tu laisses toutes choses
        A la merci du sort !
Qu'en tes prospérités à bon droit on soupire !
Et qu'il est malaisé de vivre en ton empire
        Sans désirer la mort !

Je sers, je le confesse, une jeune merveille,
En rares qualités à nulle autre pareille,
        Seule semblable à soi ;
Et, sans faire le vain, mon aventure est telle
Que de la même ardeur que je brûle pour elle
        Elle brûle pour moi.

Mais, parmi tout cet heur, ô dure destinée,
Que de tragiques soins, comme oiseaux de Phinée,
        Sens-je me dévorer !
Et ce que je supporte avecque patience,
Ai-je quelque ennemi, s'il n'est sans conscience,
        Qui le vît sans pleurer ?

La mer a moins de vents qui ses vagues irritent
Que je n'ai de pensers qui tous me sollicitent
    D'un funeste dessein ;
Je ne trouve la paix qu'à me faire la guerre ;
Et si l'enfer est fable au centre de la terre,
    Il est vrai dans mon sein.

Depuis que le soleil est dessus l'hémisphère,
Qu'il monte ou qu'il descend, il ne me voit rien faire
    Que plaindre et soupirer.
Des autres actions j'ai perdu la coutume ;
Et ce qui s'offre à moi, s'il n'a de l'amertume,
    Je ne puis l'endurer.

Comme la nuit arrive, et que par le silence
Qui fait des bruits du jour cesser la violence
    L'esprit est relâché,
Je vois de tous côtés sur la terre et sur l'onde
Les pavots qu'elle sème assoupir tout le monde,
    Et n'en suis point touché.

S'il m'avient quelquefois de clore les paupières,
Aussitôt ma douleur en nouvelles manières
    Fait de nouveaux efforts ;
Et, de quelque souci qu'en veillant je me ronge,
Il ne me trouble point comme le meilleur songe
    Que je fais quand je dors.

Tantôt cette beauté, dont ma flamme est le crime,
M'apparaît à l'autel, où, comme une victime,
    On la veut égorger.
Tantôt je me la vois d'un pirate ravie ;
Et tantôt la fortune abandonne sa vie
    A quelque autre danger.

En ces extrémités la pauvrette s'écrie :
« Alcandre, mon Alcandre, ôte-moi, je te prie,
    Du malheur où je suis ! »
La fureur me saisit, je mets la main aux armes :
Mais son destin m'arrête ; et lui donner des larmes,
    C'est tout ce que je puis.

Voilà comme je vis, voilà ce que j'endure
Pour une affection que je veux qui me dure
    Au delà du trépas.
Tout ce qui me la blâme offense mon oreille ;
Et qui veut m'affliger, il faut qu'il me conseille
    De ne m'affliger pas.

On me dit qu'à la fin toute chose se change,
Et qu'avecque le temps les beaux yeux de mon ange
    Reviendront m'éclairer.
Mais voyant tous les jours ses chaînes se retraindre
Désolé que je suis ! que ne dois-je point craindre
    Ou que puis-je espérer ?

Non ! Non ! Je veux mourir : la raison m'y convie.
Aussi bien le sujet qui m'en donne l'envie
    Ne peut être plus beau ;
Et le sort qui détruit tout ce que je consulte,
Me fait voir assez clair que jamais ce tumulte
    N'aura paix qu'au tombeau.

Ainsi le grand Alcandre, aux campagnes de Seine
Faisait, loin de témoins, le récit de sa peine,
    Et se fondait en pleurs ;
Le fleuve en fut ému, ses Nymphes se cachèrent ;
Et l'herbe du rivage, où ses larmes touchèrent
    Perdit toutes ses fleurs.

Toujours de Malherbe

Sur le même sujet

tant ces plaintes sur ce même amour sont illassables. Il est juste d'ajouter que rarement Malherbe, en ses poésies, fut plus fade, plus mal inspiré.

Que n'êtes-vous lassées
  Mes tristes pensées
De troubler ma raison ?
Et faire avecque blâme
  Rebeller mon âme
Contre ma guérison ?

Que ne cessent mes larmes,
  Inutiles armes !
Et que n'ôte des cieux
La fatale ordonnance
  A ma souvenance
Ce qu'elle ôte à mes yeux.

O beauté non pareille
  Ma chère merveille,
Que le rigoureux sort
Dont vous m'êtes ravie
  Aimerait ma vie
S'il m'envoyait la mort !

Quelles pointes de rage
  Ne sent mon courage
De voir que le danger
En vos ans les plus tendres

Menace vos cendres
D'un cercueil étranger ?

Je m'impose silence
    En la violence
Que me fait le malheur ;
Mais j'accrois mon martyre ;
    Et n'oser rien dire
M'est douleur sur douleur.

Aussi suis-je un squelette ;
    Et la violette
Qu'un froid hors de saison
Ou le soc a touchée
    De ma peau séchée
Est la comparaison.

Dieux, qui les destinées
    Les plus obstinées
Tournez de mal en bien,
Après tant de tempêtes
    Mes justes requêtes
N'obtiendront-elles rien ?

Avez-vous eu les titres
    D'absolus arbitres
De l'état des mortels,
Pour être inexorables
    Quand les misérables
Implorent vos autels ?

Mon soin n'est point de faire
    En l'autre hémisphère
Voir mes actes guerriers ;
Et jusqu'aux bords de l'onde

> Où finit le monde,
>   Acquérir des lauriers.
>
> Deux beaux yeux sont l'empire
>   Pour qui je soupire ;
> Sans eux rien ne m'est doux.
> Donnez-moi cette joie
>   Que je les revoie
> Je suis Dieu comme vous.

Quels pitoyables vers ! Et comme le poète se jugeait à sa valeur lorsqu'il écrivait à Peiresc :

« Vous avez vu, ce me semble, quelques couplets d'une méchante chanson que j'avais commencé à faire sur un air que m'avait baillé le marquis d'Oraison. A cette heure que je l'ai achevée, je vous prie, Monsieur, de me faire ce bien de prier Monsieur le Marquis, de votre part et de la mienne, de vous en donner l'air et de me l'envoyer par le premier et tout aussitôt que je vous enverrai les paroles (1). »

Malherbe, dans sa strophe, « aussi, suis-je un squelette... », paraphrasait cette lettre de Henri IV ; à moins que Henri IV ne paraphrasât la strophe : « A M. de Preaux. — D'Elbène vous mandera le reste des nouvelles. Bonsoir,

(1) Malherbe, éd. Lalanne, *op. cit.*, t. XVII, 140.

je déchois si fort de mes mérangdises que je n'ai plus que la peau et les os; je fuis les campagnes (1)... »

On était à la veille de Saint-Hubert, occasion chaque année — comme encore de nos jours, d'ailleurs, de joyeux banquets. — Condé avait convié, pour ce jour, à Muret, tous les gentilshommes des environs. De crainte que les égrillardes chansons, dont le recueil de Ballard nous a transmis les libres refrains, n'arrivassent jusqu'aux oreilles de sa femme, il l'envoya, sous la garde de sa mère, passer la journée au château voisin de M. de Plainville. En traversant la forêt la Princesse se croisait avec une meute et des piqueurs prêts à se mettre en chasse. Faisant arrêter son carrosse, elle appelait à sa portière un des veneurs.

— A qui cet équipage? demanda-t-elle.

— Au capitaine de la vénérie royale, qui se dispose à chasser.

Durant ce colloque sur le bord de la route un veneur tenant deux chiens en laisse et dont un large emplâtre dérobait un des yeux ne la perdait point de vue.

____

(1) *Lettres Missives*, VII, *op. cit.*

C'était le Roi. La Princesse le reconnaît et se rejette vivement au fond de son carrosse.

Arrivée au château de Traigny, s'étant mise au balcon pour mieux voir le paysage, dont on lui avait vanté le charme, le même veneur est en face d'elle, qui lui envoie des baisers. Tout émue elle se retire. « Le Roi est céans », dit-elle à la princesse de Condé, sa belle-mère, qui s'empresse de le répéter à son fils, dès son retour de la chasse (1).

Ce dernier incident achève de faire perdre la tête à Condé. Eut-il peur d'un enlèvement? Toujours est-il qu'à partir de cet instant, sa

(1) « M. le Prince, qui voyait que l'amour du Roi était fort violent, emmena sa femme à Maret, auprès de Soissons. Le Roi ne put être longtemps sans la voir. Il va, avec une fausse barbe, à une chasse où elle devait être. M. le Prince en a avis et remet la partie à une autre fois. A quelques jours de là, le Roi fait que M. de Traigny, en seigneur de ces quartiers-là, convie M. le Prince et Mme la Princesse à dîner, et lui se cache derrière une tapisserie, d'où, par un trou, il la voyait tout à son aise. Elle savait l'affaire et l'avouait à Mme de Rambouillet. Comme elle y allait avec sa belle-mère, le Roi, pour la voir en passant, se déguisait en postillon et, avec Mme de Beneux, qui feignait d'aller voir une belle-sœur, en ces quartiers-là, passait auprès du carrosse, où M. de Beneux fut quelque temps à parler. Quoique le Roi eût une grande emplâtre sur la moitié du visage il fut pourtant reconnu de l'une et de l'autre. « TALLEMANT DES RÉAUX, *op. cit.*, I, pp. 179-180. Voir Appendice.

décision est irrévocablement prise : s'enfuir
de France, au plus vite. Le Roi l'ayant fait inviter aux couches de la Reine — en ce temps,
les couches des Reines étaient quasi publiques — il se rend à cet appel pour mieux
endormir toutes les défiances et dissimuler
adroitement sa résolution. Pour éviter tout
scandale Marie de Médicis intervient en personne : elle lui promet, s'il ramène sa femme,
de la loger au Louvre, près d'elle (1). Il la re-
mercie, mais, toutefois, sans rien promettre.
Virey, son homme de confiance, ayant laissé
entrevoir que la meilleure solution serait peut-
être un divorce, le Prince avait répondu :

« Plutôt que de consentir à mon déshonneur,
ou de m'exposer plus longtemps à la colère du
Roi, je me ferai démarier. »

Henri IV, à qui ce propos est bien vite rapporté, répond :

— Je suis loin de m'y opposer, rapportez-le
à votre maître (1).

Virey revient alors avec une lettre du Prince,

______

(1) Toutefois, craignant d'être encore supplantée par cette
rivale nouvelle, la Reine désirait être sacrée le plus vite
possible. Voir SULLY, *Économies royales*, II, *op. cit.*, p. 304,
éd. Michaud.

acceptant le divorce, mais sous l'expresse réserve qu'il garderait sa femme, « dans sa maison », jusqu'à ce qu'il fût prononcé (1).

— Ce n'est pas le Prince qui écrivit cette lettre, s'écriait Henri IV, c'est le style d'un légiste (2)! Il ne s'attendait pas, évidemment, à décision pareille.

Et alors il se plaint, en termes amers, des mauvais traitements que Charlotte endurait de son mari. S'il n'était encore que Roi de Navarre il se battrait pour elle. Condé fait alors semblant de céder. Avec Sully il a, l'avant veille de son départ, un cordial entretien. Sully, du ton le plus aimable, lui représente que sa place est à la Cour; qu'il ne pouvait s'en éloigner, sauf le consentement du Roi, et que, d'ailleurs,

---

(1) C'est à cet incident que fait allusion la strophe de Malherbe citée plus haut : « Mais quoi ? Ces lois dont la rigueur... »

Et VIREY dans *l'Enlèvement innocent, op. cit.*, Paris, Aubry, 1859, p. 38, lorsqu'il parle du mariage :

> Mais le malin génie et les esprits qui font
> Qu'oncques les épousez bien ensemble ne sont,
> Y ont été présens, mus par magique force,
> Sans doute d'y souffler aussitôt le divorce.

Voir à l'Appendice, *Historiette de Mme la Princesse.*

(2) SULLY, *Économies royales*, II, *op. cit.*, p. 279. La lettre était du jurisconsulte de Thou.

HENRI IV
Portrait par Rubens.

(Bibliothèque Nationale)

il n'avait rien à redouter la Reine prenant son honneur sous sa sauvegarde. Au vague de ses réponses, à son embarras, Sully estima sûrement que sa résolution était prise de passer la frontière. Il courait donc aussitôt au Louvre.

— Eh bien! lui dit le Roi, vous avez vu le Prince? Qu'en pensez-vous?

— Vous le tenez en vos mains, je n'ai qu'un conseil à donner. Que Votre Majesté le fasse emprisonner à la Bastille.

— Vous avez toujours, repartit le Roi, les fantaisies les plus extraordinaires. Quelles apparences y a-t-il qu'il s'en aille, lui qui ne peut vivre sans mon aide? Comment pourrait-il emmener toute sa maison sans que je le sache et que je puisse l'en empêcher? Tout à l'heure encore il témoignait à la Reine qu'il était satisfait de moi, qu'il n'avait nulle envie de quitter la Cour, quelque bruit qu'il en courût, et qu'il lui en donnait sa parole.

— Comme vous le voulez, Sire, répondait Sully, Dieu veuille que je me trompe (1).

Impénétrable jusqu'au bout, Condé ne prévenait sa femme qu'au dernier moment qu'il

(1) Cf. LAFERRIÈRE, *op. cit.*, *Henri IV*, pp. 339-342, d'après *Économies royales* de SULLY, *op. cit.*, II, 207-211, éd. Michaud.

l'emmènerait visiter une terre dont l'achat lui faisait grande envie. « Prenez assez de linge, lui disait-il, car peut-être notre absence sera-t-elle longue. »

Il la fait monter dans un carrosse à six chevaux. Sous prétexte de chasse dans un bois il s'était fait suivre par des chevaux de selle. Arrivé à Crécy il laisse le carrosse et de gré ou de force, fait monter sa femme en croupe du baron de Rochefort, son chambellan, et, partant à bride abattue, il prend la route de la frontière. Il emmenait avec lui Virey, son secrétaire (1), le jeune Thorras et les deux filles d'honneur de sa femme, Mlles de Certeaux et de Château-Vert. Le garde-chasse Laperrière servait de guide. Exténuée par la rapidité de la course, la Princesse demandait à s'arrêter quelques instants à Catillon. Il lui permettait deux heures de repos. Le lendemain à sept heures il atteignait Landrecies.

Laperrière, celui même que Condé prenait pour guide, l'avait trahi.

Ayant, par hasard, rencontré son fils, chemin faisant, il lui disait tout bas à l'oreille :

(1) DE VIREY, *l'Enlèvement innocent*. Paris, Aubry, 1859, éd. Halphen.

Monte à cheval, et cours vite avertir le Roi!

C'est le soir de ce même jour, vers les six heures, que le Roi apprenait cette fuite de Condé!

Aussitôt que cette évasion, à laquelle toujours il s'était refusé de croire, lui fut connue, le Roi, transporté de colère et d'amour, ne put cacher son émotion; même devant la Reine. Il jouait dans son cabinet lorsque le duc d'Elbœuf vint lui annoncer cette nouvelle, pour lui si terrible, que confirmait le chevalier du guet.

— Mon cher ami, je suis perdu, dit-il à Bassompierre, qui était le plus proche, ce malheureux emmène sa femme dans un bois et je ne sais si c'est pour la tuer ou la faire sortir du royaume; prends mon jeu pendant que j'irai savoir les particularités de son enlèvement.

Cela dit, il passait dans une autre chambre, faisant signe de le suivre au marquis de Cœuvres, au duc d'Elbœuf et à Loménie.

Ce conseil extraordinaire étant ainsi assemblé chacun disait son avis. Le Roi, qui ne se possédait plus, donnait dans tout ce qu'on lui proposait et voulait qu'on exécutât incessamment. Un moment après il changeait de sentiment et

jugeait que ces moyens étaient impraticables.
L'un était d'avis qu'on courût après le Prince
et qu'on y envoyât le chevalier du guet avec
ses archers; l'autre voulait qu'on donnât cette
commission à Bouvin et à Balagni(1); d'autres
croyaient qu'il valait mieux ordonner à Vaubecourt, qui était alors à Paris, de se rendre
sans retardement sur la frontière de Lorraine
pour empêcher que le prince ne passât.

Le Roi, qui voulait tout et ne se fixait à rien,
fut contraint de faire venir ses principaux ministres pour les consulter sur cette affaire où
son cœur prenait tant de part. Ce n'était pas
la première fois qu'ils avaient été consultés sur

(1) « *A M. de Balagny.* — Balagni, je viens d'être averti que
mon neveu, le Prince de Condé, s'en va aux Pays-Bas avec
sa femme et qu'il doit passer auprès de Marle. C'est pourquoi je vous commande, d'autant que vous désirez m'obéir,
que vous ayez à vous saisir de sa personne et de toute sa
suite, que vous mettrez en sûreté pour en être fait ce que
j'ordonnerai, m'avertissant en diligence de ce qui s'en sera
suivi. Et s'il avait déjà gagné les Pays-Bas, et que vous ne
puissiez exécuter mon commandement, vous le tiendrez
secret. Bon soir. Ce XXIX· novembre à Paris au soir
HENRY. »

*A M. du Pesché, gouverneur de Guise, le Roi écrit, le même
jour:* « Je commande que vous le fassiez arrêter en quelque lieu que ce soit, où vous aurez pouvoir ...» *Lettres Missives, op. cit.,* VII, pp. 803-804.

des matières d'amour, où l'on faisait entrer des raisons d'État.

Le chancelier fut le plus diligent et après que Sa Majesté lui eut appris de quoi il s'agissait, il répondit avec une gravité digne de son caractère, que le Prince de Condé était fort condamnable, qu'il avait tort d'avoir pris une résolution si désespérée, et que ceux qui lui avaient donné si méchant conseil avaient certainement plus de tort que lui.

Le Roi, qui aurait voulu que tout le monde eût été aussi bouillant que lui, répondit brusquement :

— Rengainez votre gravité, Monsieur le Chancelier, et me donnez votre avis; c'est tout ce que je demande. Je sais, aussi bien que vous, que le Prince est condamnable, mais il s'agit des moyens de le châtier.

— Je suis donc d'avis, Sire, reprit le chancelier avec le même flegme, qu'il faut traiter le Prince comme rebelle et rendre contre lui et ses adhérents les déclarations ordinaires.

Le Roi, fatigué de ce début, vit entrer Villeroy. Laissant le chancelier, il lui exposa le fait, en peu de mots. Villeroy, faisant l'étonné, fut d'avis qu'on fît savoir par des courriers, à tous les Princes étrangers, que le Prince de Condé était sorti de France sans la permission du Roi, et même contre ses défenses, et qu'on ordonnât à tous les ambassadeurs de Sa Majesté de prier les Souverains auprès desquels ils résidaient de ne pas recevoir le rebelle et de le remettre entre les mains du Ministre de Sa Majesté qui regarderait comme ses ennemis ceux qui en useraient autrement.

Après que Villeroy eut ainsi parlé, le Roi fit signe au Président Jeannin d'opiner (1).

(1) Ce président Jeannin — 1540-1623, — fils d'un corroyeur d'Autun, est un des grands personnages de l'époque. Après avoir servi Mayenne, il se ralliait loyalement — comme tant d'autres d'ailleurs — à Henri IV qui l'aimait et qui l'estimait beaucoup. Membre du conseil de Bourgogne, il empêchait la Saint-Barthélemy à Dijon où il était alors président à mortier. En 1576, député aux États généraux de Blois. Un des plus actifs diplomates pour les négociations de Vervins (1598) ; conseiller d'État, intendant des finances, faisait en 1609 signer la *Trêve de douze ans* qui assurait l'indépendance des Provinces Unies. Henri IV eût désiré qu'il écrivît l'histoire de son règne. Après la mort du Roi, la Reine régente le nommait ministre des Finances. Un prince, voulant un jour l'embarrasser, lui demanda dédaigneusement : « Mais de qui êtes-vous le fils ? » — « De mes vertus », répondit fièrement Jeannin. Il laissait un ouvrage que l'on a bien souvent consulté : *Négociations du Président Jeannin.* » Dans son *Historiette du Président Jeannin,* TALLEMANT DES RÉAUX, IV, p. 108, raconte cette anecdote : « Henri IV, maître de Paris, va à Laon : Jeannin y était ;

— Mon sentiment est, Sire, dit le Président, de faire courir après le Prince un capitaine des gardes du corps qui tâchera de les remmener et, s'il n'en peut venir à bout, il le suivra jusque dans sa retraite et déclarera de la part de Votre Majesté, aux Puissances chez qui il se sera réfugié, que vous leur ferez la guerre, à moins qu'elles ne vous le livrent. Je ne crois pas qu'il ait prémédité son départ; je doute qu'il se soit précautionné à l'avance d'aucune puissante protection. Je suis le plus trompé du monde s'il n'a jeté son plomb sur les Pays-Bas. Mais je suis persuadé qu'il fait mal son compte et qu'on l'y recevra mal. Car outre qu'il n'a aucune habitude avec l'Archiduc, qui n'aura aucuns ordres de maintenir le rebelle, l'Espagne,

on vint à parlementer, on ne peut s'accorder. Le roi lui cria que s'il entrait dans Laon il le ferait pendre. Jeannin, de dessus le rempart, répondit : « Vous n'y entrerez pas « que je ne sois mort et après je ne me soucie guère de ce « que vous ferez ...» Mayenne ayant la paix, Jeannin se retira en Bourgogne pour y vivre... sa raison étant que ses amis l'iraient volontiers chercher là et qu'il n'avait que faire des autres gens. Henri IV l'envoya quérir et lui manda que s'il avait bien servi un petit prince, il servirait bien un grand roi... »

Beau caractère, oui. Mais quelle complaisance pour les amours du Roi ! Il est vrai qu'en ce temps le Roi était... le Roi !

qui craint Votre Majesté plus qu'elle ne l'aime
et ne l'honore, ne voudra pas s'attirer sur les
bras le plus grand prince de l'Europe et préférera le faire sortir de ses États, ou le livrer
à Votre Majesté.

Le Roi, qui commençait à reprendre ses esprits, trouva cet expédient de son goût; mais
comme il ne se déterminait jamais sur rien
d'important qu'il n'eût consulté le duc de
Sully, il ne voulut rien conclure qu'il ne fût
venu.

Il vint, enfin, avec une mine fâchée et un
air renfrogné.

— Monsieur de Sully, lui dit le Roi, mon
neveu s'en est allé; le mal est qu'il a emmené
la Princesse.

— Je n'en suis point surpris, Sire; mais je
le serais beaucoup, s'il ne l'avait pas fait. Si
vous vouliez l'en empêcher il fallait, comme je
vous l'ai conseillé, le mettre à la Bastille.

— Ne parlons point du mal qui est fait, répliqua le Roi, mais cherchons les moyens de le
réparer. Que jugez-vous qu'il faille faire?

— Je meurs, Sire, si j'en sais rien, repartit
Sully. J'y penserai sur le chevet et, demain au
matin, je vous dirai ce que j'aurai pensé.

— Point de retardement, Monsieur de Sully, dit encore le Roi, je veux que vous me disiez tout de suite votre sentiment.

— Un moment donc de méditation, Sire, répondit Sully.

Et, en disant cela, il fit des mouvements de tête et quelques pas et revint ensuite vers le Roi, qui reprit :

— Eh bien? Avez-vous songé? Que faut-il donc faire?

— Rien, répondit Sully.

— Comment rien! répondit le Roi!

— Oui, rien, ajouta Sully. En ne faisant rien vous témoignerez par là que vous ne faites pas grand cas du Prince de Condé. Cela étant, personne ne le secourra. Ses amis même l'abandonneront. Tout le monde le raillera et, en moins de trois mois, il sera forcé de venir au gîte de soi-même. Mais si, au contraire, vous témoignez de l'empressement à le revoir, il n'en faut pas davantage pour le faire valoir. Des gens même de la Cour lui prêteront de l'argent et tels qui l'auraient abandonné si vous n'en aviez pas fait de cas le soutiendront pour avoir le plaisir de vous chagriner.

L'avis était de bon sens; mais le Roi n'était pas en état d'en profiter.

Comme celui du Président Jeannin était plus violent, et, par conséquent, plus conforme à sa passion, ce fut aussi celui qu'il suivit dès le lendemain, il fit partir le Marquis de Praslin, pour courir après le Prince (1).

Quelques jours après le Roi recevait de Henri de Condé une lettre dans laquelle « il s'excusait de son partement ».

Celles, raconte Sully, dans ses Mémoires, — *Les Économies royales* — celles qu'il écrivit à M. de Thou étaient plus amples et raisonnées; essayant, par icelles, de justifier sa dernière action et les précédentes. Ce qu'ayant

---

(1) *Les Amours de Henri IV, op. cit.*, 245-250. Voir encore le récit dramatique de cette soirée dans *Économies royales*, II, pp. 308-310, éd. Michaud.

Sur Praslin qui semble avoir été mêlé très fort aux amours diverses de Henri IV, Tallemant raconte cette amusante anecdote : « Un jour M. de Praslin, capitaine des gardes du corps, depuis maréchal de France durant la régence pour empêcher Henri IV d'épouser Mme de Beau-fort, lui offrit de lui faire surprendre Bellegarde couché avec elle. En effet, il fit lever le Roi, une nuit, à Fontainebleau ; mais quand il fallut entrer dans l'appartement de la duchesse, le Roi dit : « Ah ! cela la fâcherait trop ! » Le maréchal de Praslin a conté cela à un homme de qualité de qui je le tiens. » Dans TALLEMANT, *op. cit.*, I, p. 81.

vu le Roi il vous dit (1) : « Qu'il accuse sa malice et beaucoup d'autres qui l'ont conseillé et
non pas vous. Or, je veux que vous lui répon-
diez par une bonne lettre où soit représenté
tout ce qui s'est passé, et, qu'avec le respect
dû à sa qualité mais non à sa personne, vous lui
disiez toutes ses vérités et la misère qui lui est
infaillible s'il ne se remet en son devoir. —
Eh bien, Sire, dites-vous, je m'en vais donc en
mon logis pour en faire un projet et le vous ap·
porter. — Non, non, vous répondit-il, je
veux que vous écriviez ici, présentement, et
vous ferez bailler de l'encre et du papier. —
Mais, Sire, répliquâtes-vous, cette lettre est
de conséquence, elle mérite bien d'y penser,
et d'être bien considérée avant que de l'envoyer; car, d'une part, il faut qu'elle vous sa-
tisfasse, qu'elle soit convenable à sa qualité,
et la mienne, et que la France, les pays étrangers, ni lui-même, que vous voyez bien ne chercher que des occasions de m'accuser et blâmer,

(1) Les Mémoires de Sully sont rédigés d'une façon singulière. Sully n'écrit pas ou, dictant, ne fait pas écrire : « je
disais, je partis ! je répondais... », mais : « vous dites, vous
partiez, vous avez répondu. » C'est un personnage qui est
censé lui raconter ce qu'il a dit, ce qu'il a fait, en un mot
lui rappeler tous les actes et les paroles de sa vie.

n'y trouvent point de juste sujet de le pouvoir faire; et je n'ai point si bon esprit que de faire si bien une telle précipitation. Quelque réplique et contestation que vous puissiez faire si vous fallût-il écrire sur le bout de la table, tout devant le Roi, lequel, ayant lu votre lettre, la trouva bien. Et, afin que l'on en puisse juger et être éclairci de plusieurs particularités que nous avons omises nous l'avons insérée en ce lieu et est telle que s'ensuit.

« *Lettre de Sully à Monsieur le Prince* (1). —

(1) Le Prince de Condé refusa de recevoir cette lettre. Il était alors à Bruxelles. Il déclara qu'il n'aurait « aucune communication avec un homme de cette humeur dont la coutume ordinaire était d'offenser tout le monde ». Mais il ajouta qu'il recevrait respectueusement « les propositions qu'il plairait à Sa Majesté de lui faire, étant toujours son sujet et très humble serviteur ». On verra combien cette lettre de Sully est redondante, embarrassée, d'une phraséologie répétant toujours les mêmes choses. Le ridicule était dans la situation. Le Roi voulait que l'on mît en avant des motifs politiques pour expliquer un départ dont personne n'ignorait la cause véritable. Seule une aveugle passion pouvait faire espérer qu'une telle lettre parviendrait à donner le change. La vérité est que le Prince trouvait dans les Pays-Bas, et surtout à Milan, un parfait accueil, un brin intéressé d'ailleurs, nous le montrerons bientôt, parce que l'on savait pourquoi il s'était enfui de France. Il sauvegardait énergiquement, contre le Roi, son honneur conjugal. Et, alors, ce prince, à tout prendre assez insignifiant, se rehaussait par ce beau rôle.

Monseigneur, les témoignages de bonne volonté que je recevais ordinairement de vos paroles, les assurances que vous me donniez de ne jamais offenser le Roi, en chose qui toucherait tant soit peu son autorité ou son État, et de vouloir prendre quelquefois mon conseil sur l'occurrence des affaires et sur la forme de votre conduite, m'avaient facilement persuadé lorsqu'il vous plut me venir voir chez moi, que c'était plutôt pour me communiquer vos desseins, et prendre mon avis sur iceux avant les résoudre, que non pas pour rechercher en mes remontrances pleines de sincérité et d'affection en votre endroit, des prétextes imaginaires et des couleurs mal colorées de la faute signalée que vous avez légèrement commise, dont je ne doute point que la repentance ne soit déjà née et qu'elle ne soit autant pour vivre que vous-même, ainsi qu'il est arrivé à tous ceux qui sont tombés en semblables erreurs ou accidents.

« Or, tant s'en faut que mes paroles en puissent avoir été l'une des causes ni qu'elles dussent avoir été mal prises ou sinistrement interprétées, qu'au contraire elles étaient suffisantes si vous les eussiez reçues, selon mon

désir et intention, pour réformer vos volontés,
effacer entièrement et faire évanouir toutes
ces vaines ombres qui vous agitaient, et vous
donner sujet de vivre en tranquillité et repos
d'esprit. Aussi n'estimai-je point avoir jamais
usé de paroles plus retenues et mieux consi-
dérées, attendu le sujet dont il s'agissait et
les divers langages que vous me teniez, sur
lesquels je ne pouvais moins faire en m'ac-
quittant de mon devoir et pour vous retenir
dans le vôtre, que de vous représenter les
grandes et infinies obligations que vous aviez
au Roy, lequel avait, par sa vertu, relevé toute
votre maison, toujours défendu et maintenu
votre personne particulière contre tous ceux
qui eussent bien désiré de l'opprimer; et de la
bonté et faveur duquel par conséquent tenant
tout ce que vous êtes, ainsi que je vous ai vu
le reconnaître plusieurs fois, cela devait être
suffisant et capable non seulement d'effacer
tous ces chagrins et mécontentements qui ne
procèdent que d'un simple ombrage et pure
imagination, mais aussi tous autres qui auraient pu prendre leur naissance de quelque
raison et sujet légitime, dont je voyais les
vôtres entièrement destitués. Et, partant, nul

n'estimera jamais que je vous ai parlé d'opprimer ni vous ni personne étant innocent; bien reconnaîtrai-je vous avoir dit qu'ordinairement les plus coupables étaient ceux qui se publiaient par leurs paroles les plus innocents, mais que pour cela l'on ne laissait pas de les châtier quand des preuves suffisantes réduisaient leurs paroles en du vent.

« Aussi, toutes mes réponses sur le nombre infini de vos propositions n'eurent jamais d'autre but que de retirer votre esprit des défiances et inquiétudes où je le voyais entrer de moment en moment, en vous représentant et faisant bien comprendre qu'elle était l'inclination de Sa Majesté, et combien son naturel et son humeur avaient toujours été aliénés de toute violence et procédures extraordinaires, contre ceux mêmes qui le pouvaient avoir offensé et que, partant, il n'avait garde d'en user contre vous qui lui étiez si proche et qui, en mon désir et en ma créance, seriez toujours trop sage pour vouloir rien entreprendre contre votre Roy, votre patrie, votre honneur et votre devoir.

« A la vérité, lorsque vous me parlâtes de vouloir sortir hors du royaume et d'éloigner la Cour, je vous représentai bien que c'était là l'unique séjour des princes du sang, que leur luxe et leur éclat ne faisait que se ternir partout ailleurs et qu'ils ne pouvaient choisir d'autre lieu pour leur demeure sans la permission du Roy ou sans être réputé criminel. A quoi me répliquant que vous n'étiez pas de condition et de naissance pour être contraint et forcé à cela, je vous répondis qu'il n'y avait nulle qualité qui en pût exempter personne, puisque les enfants et frères des rois y étaient eux-mêmes assujettis par les lois de l'État, dont toutes nos histoires et, nommément celle du roi Louis XI, de feu M. le duc d'Anjou et du Roi à présent régnant, nous en serviraient d'exemple et de preuve plus que suffisante. Et d'autant que sur mes raisons vous voulûtes, comme il me semble, corriger quelque chose en vos propositions, à l'heure même je jugeai que vous aviez en l'esprit quelque fantaisie et quelque projet de ce que vous avez exécuté depuis, et dont vous eussiez été bien empêché si on eût ajouté autant de créance à mes paroles, comme j'estimais y avoir d'apparences et raisons de le faire; mais le roi fut trop retenu, trop doux, et trop indulgent à votre faute et

HENRI IV

(Bibliothèque Nationale)

trop facile à croire les paroles que vous aviez données au lieu des miennes, qui n'avaient néanmoins d'autre but, ni autre dessein, en tout cela, que d'empêcher un plus grand mal et servir mon Roi, ma patrie, et vous aussi tout ensemble. Car, de tout ce qui succédera de cette belle entreprise, nul de vous trois, ni même ceux qui vous recevront ou favoriseront votre retraite hors de France, ne recueillerez jamais aucun avantage, utilité ni contentement; et pour votre particulier, avant qu'il soit peu de jours, vous leur deviendrez à charge indicible, et eux à vous insupportables en leurs procédures, si votre résolution, dès son origine, n'a été de changer votre liberté en servitude; et tout ce qui vous réussira enfin de cette affaire ce sera de voir triompher vos ennemis de votre ruine et de votre dommage.

« Pourtant, je vous conseille, comme votre très humble serviteur, et vous conjure, au nom de Dieu, comme un vrai Français, amateur de toute la lignée royale, de revenir en vous-même, penser à votre naissance, et considérer que vous imprimez une tache en votre personne qui paraîtra incessamment devant les yeux de tous bons Français, voire de tous ceux qui font es-

time de la vraie vertu, si vous n'usez d'autant
de promptitude et de diligence à réparer cette
offense, que vous en avez usé à la commettre;
chose que je désire infiniment voir soudain
arriver, et en quoi, si vous m'estimez propre,
je vous supplierai me vouloir commander; car
j'y travaillerai avec toute sorte de dextérité
et d'industrie, et d'aussi bon cœur qu'en aucun
autre service que j'ai jamais rendu à mon Roi,
à ma patrie et à ceux dont la qualité m'oblige
de demeurer le serviteur.

« Au reste, Monseigneur, il me semble que vous
vous fussiez fort bien passé de m'alléguer dans
vos lettres, et par ce moyen m'obliger à faire
cette véritable réponse, puisqu'à notre séparation vous m'aviez donné tant de bonnes paroles, et même des louanges et des remercie-
ments des procédures dont j'avais usé en ce
qui vous pouvait concerner; aussi, ne doutai-je
point qu'en votre âme et conscience vous ne
m'estimiez davantage que vous ne me le voulez
faire paraître. Mais vous suivez en cela le style
et la forme ordinaire de tous ceux qui ont
manqué à leur devoir et perdu les bonnes grâces
du Roi, par leurs fautes et par leurs propres
imprudences, qui est de me prendre toujours

à partie, et essayer de me faire tenir en quelque sorte pour une des causes de leurs erreurs et mauvais déportements.

« En quoi je ne sais si votre dessein a été de me nuire ou de m'aider; mais je sais bien que pour mon regard, je tiendrai toujours à gloire et à honneur d'être mal voulu de tous ceux qui n'aiment point mon Roi et seront ennemis de la France desquelles deux qualités je prie Dieu de vous vouloir exempter à jamais.

« Et pour ce que l'abondance des paroles ne sert plus de rien où la raison défaut et ne peut augmenter celle qui est assez forte et assez évidente d'elle-même, je me contenterai de supplier le Créateur, Mon Seigneur, qu'il vous veuille bien assister, vous donner un meilleur conseil et une vraie repentance de votre faute; sous laquelle espérance, je demeurerai à jamais votre très humble serviteur : *Maximilian de Béthune* (1). »

(1) *Économies royales* de Sully, II, éd. Michaud, 309-312. Et à ce même sujet, p. 312: « *Lettre écrite dans les Provinces à l'occasion de la fuite du Prince de Condé:* Deux jours après l'escapade de M. le Prince, le Roi commanda que l'on fit des dépêches par les Provinces afin de les tenir averties de ce qui était advenu et de ses intentions là-dessus... »

III

A BRUXELLES — A MILAN

Praslin avait été chargé, non surtout de courir après le Prince, mais plutôt de porter cette réclamation officielle aux Archiducs (1) qui gouvernaient les Pays-Bas.

« *A mon frère l'Archiduc d'Autriche.* — Mon frère, envoyant par delà le sieur de Praslin, capitaine de mes gardes pour le sujet qu'il vous dira, je vous prie de lui donner moyen d'exécuter mes commandements, et de me témoigner en cet endroit que vous affectionnez mon contentement. Je prie Dieu, mon frère, qu'il vous ait en sa sainte et digne garde. — Ecrit à Paris 1609 le dernier jour de novembre. »

(1) L'archiduc Albert, qui gouvernait les Pays-Bas, avait épousé Claire-Eugénie, fille de Philippe II, roi d'Espagne. Exerçant tous deux une vice-royauté dans les Pays-Bas, avec un pouvoir très large, la coutume était de les appeler les *Archiducs.*

Et encore cette lettre, toujours confiée à Praslin.

« *A ma sœur et bonne nièce, l'infante d'Espagne, Archiduchesse.* — Ma sœur et bonne nièce. — Vous entendrez du sieur de Praslin, capitaine de mes gardes, qui est porteur de la présente, l'assistance que je me promets que vous lui départirez en l'exécution de mes intentions, comme je vous en prie, étant chose qui regarde mon contentement, que j'attends de votre affection, et dont je me revengerai en tout ce que vous désirerez de votre frère et bien bon oncle Henri. »

Puis, tout son cœur déborde, trois ou quatre jours après il envoie le récit de cette fuite à de Vaucelas, ambassadeur en Espagne.

« *Monsieur de Vaucelas.* — Vous savez combien j'ai toujours aimé et chéri mon neveu le Prince de Condé ; quels ont été les honneurs que je lui ai départis et confiés et les singulières grâces et faveurs qu'il a reçues de moi depuis son enfance jusqu'à présent et, partant, quel est l'état que j'ai dû faire de son affection et obéissance ; et néanmoins je me trouve, à présent, trompé avec déplaisir, de mon espérance et des effets que je m'étais promis de sa

gratitude, tant pour mon contentement particulier, que pour le bien et avantage public
de mon royaume, auquel il a telle part et intérêt qu'il devrait en préférer le soin et avan-
cement à toutes autres considérations; de quoi
je l'ai si souvent admonesté, faisant l'office
de vrai père et bon maître en son endroit, que
j'ai quelquefois reconnu que la peine que j'y
ai employée avec grande diligence et affection
était inutile et sans fruit; et principalement
depuis deux ans qu'il lui prit fantaisie de vouloir voyager hors de mon royaume; de quoi il
m'aurait fait et réitéré telles instances, que j'aurais été conseillé, voire contraint, de lui en refuser la permission, ouvertement, à cause de
sa qualité et de la connaissance que j'avais de
son inquiétude. Ce qui fut cause que je pris la
résolution de le marier, afin de l'arrêter, joint
que je m'apercevais que c'était chose qu'il prétendait faire de sa tête et volonté, en lieux peu
sortables à sa condition.

« Mais, il n'a pas été plutôt marié, que le
même désir de voyager et se tenir loin de moi
l'a repris et maîtrisé avec plus d'inquiétude
que devant, sans que mes raisons, remontrances
et conseils aient pu le contenir et modérer, ni

même les menaces que j'y ai quelquefois
ajoutées de mon indignation et de la perte de ma
bonne grâce. Toutefois, comme je me promet-
tais toujours que le soin de son honneur et de sa
Maison modéreraient avec l'âge son humeur
impatiente, je temporisais aussi avec lui et
supportais doucement tels défauts. Tellement
que, la dernière fois qu'il vint ici, je le traitais
fort favorablement. Aussi, promit-il à la Reine,
ma femme, qu'il viendrait nous voir après qu'elle
serait accouchée (1).

(1) De l'enfant qui fut Louis XIII. La Reine, pour se trouver mieux consolidée, et plus forte contre les maîtresses
du Roi, désirait beaucoup que son sacre eût lieu avant
les couches. — Le Roi poussa la naïveté amoureuse jusqu'à prier sa femme de vouloir bien intervenir auprès des
Archiducs qui auraient prié la princesse de revenir à Paris
— fût-ce seulement une semaine — « pour embellir son
couronnement ». « Me prenez-vous pour une rouffiane ? »
répondit-elle en son jargon italien. L'amour-propre de la
femme légitime était d'autant plus surexcité qu'elle était
quasi seule de son parti alors que toute la cour intri-
guait et se démenait pour le Roi dont l'amour était, d'après
l'énergique expression du cardinal Bentivoglio, « comme un
sortilège que l'on aurait jeté sur lui ». Cf. p. 97, JÉROME et
JEAN THARAUD, *op. cit.*, *la Tragédie de Ravaillac*.

L'Histoire nous représente Marie de Médicis de façon
très désavantageuse. Pour Henri IV, ce mariage était une
affaire d'argent. Il devait la « forte somme » aux Médicis,
et voilà qu'il épousait « la grosse banquière ». D'ailleurs,
sur la dot fut compris le remboursement de la dette pour

« Mais, au lieu de le faire, dimanche dernier XXIX du mois passé, il partit de sa maison de Muret, qui est à six lieues par delà la ville de Soissons, accompagné de sa femme suivie de deux femmes et de sept ou huit chevaux; prit le chemin des Pays-Bas sans m'en avoir averti ni donné congé, chemina toute la nuit en effroi et discorde, de façon qu'il arrivait à Landrecy à sept heures du matin par un très mauvais temps et pires chemins. Il trouva la ville fermée, logea aux faubourgs et entra en ville vers les dix heures du matin.

« Je fus averti, le soir du dimanche susdit qu'il partit, de son départ et dessein; de quoi

la moitié. Avant son mariage Marie, de figure commune, était fraîche, éclatante de santé, imposante, mais sans charme. Cet imposteur de Rubens fut pour elle un peintre trop complaisant. A vingt-sept ans, sa fraîcheur se change en couperose, ses formes rondes en obésité. Elle a la mâchoire épaisse, le front bas, l'aspect lourd. Intellectuellement, c'est une femme d'une épaisse sottise, une « balourde », une vaniteuse sans orgueil véritable, une sotte majestueuse montrant à chaque instant une morgue ridicule, une mère sans tendresse. Henri IV ne prit jamais au sérieux son couronnement. Pendant toute la cérémonie dans la basilique de Saint-Denis, il affecta d'être plus gai que de coutume et lorsque la reine sortit de l'église il l'avait devancée, pour, en manière de moquerie, lui jeter au passage quelques gouttes d'eau.

je fus, à bon droit, aussi scandalisé qu'indigné.
A la même heure je dépêchai après lui, par
un côté, l'exempt de mes gardes nommé
La Chaussée, suivi d'un des archers d'icelle et,
par l'autre, le chevalier du guet de cette ville,
pour, s'ils le trouvaient et atteignaient en mon
royaume, l'arrêter et le ramener; et s'il était
sorti d'icelui, le suivre et réclamer en tels lieux
qu'ils le joindraient, et pour ce faire, avoir recours aux gouverneurs et magistrats d'iceux
suivant mes lettres de commission. Je fis partir
aussi, le lendemain, le sieur de Praslin, capitaine de mes gardes, pour aller trouver les
Archiducs aux mêmes fins, et s'il était passé à
Breda ou en places obéissantes aux États des
Provinces-Unies, de recourir à iceux pour le
même effet.

« Or, il est advenu que le dit Prince aurait
été contraint par l'indisposition de sa femme et
la lassitude de ses chevaux de séjourner un
jour ou deux au dit Landrecie, ce qui donnait
moyen et temps au dit exempt et au dit chevalier
du guet de le trouver encore au dit lieu avec
sa suite, où le dit exempt, qui y arriva le premier, lui fit commandement de ma part de retourner en mon royaume; de quoi il fut fort

surpris et néanmoins répondit qu'étant hors
de mon dit royaume il n'était pas tenu d'obéir
au mien commandement, et au reste, qu'il
n'avait entrepris ce voyage sans biscuit, voulant dire, à mon avis, sans bonne sûreté de la
part de ceux qui la lui pourraient donner où
il était — et si j'entendais l'empêcher d'aller
voir le Prince d'Orange, son beau-frère, à Bréda.
A quoi le dit exempt ne répondit autre chose,
sinon qu'il prendrait bon conseil de me contenter. Dont il fit peu de compte.

« Quoi voyant le dit exempt exhorta les dits
magistrats de ne permettre qu'il sortît de la
ville sans le commandement des dits Archiducs, vers lesquels il leur dit que j'avais envoyé
le dit sieur de Praslin, étant si assuré de leur
bonne amitié qu'il espérait qu'ils accorderaient
que le dit sieur de Praslin pût ramener en mon
royaume le dit Prince et sa suite. Quoi en-
tendu le dit Prince, il dépêcha, la même heure,
Rochefort aux Archiducs, qui étaient encore à
Marimont, qui fut accompagné du Major de la
ville; et le dit exempt prit conseil aussi de faire
le même voyage pour représenter (1) aux

(1) Ces trois lettres dans *op. cit.*, pp. 807-810. *Lettres Mis-*
sives.

dits Archiducs sa commission et mes intentions... »

De Charlotte Henri IV, au cœur encombré par cet amour, pouvait dire comme le berger de Virgile songeant à sa « bergère » :

Te veniente die te decedente canebam !

« A l'arrivée du jour, à son déclin, je te chantais. »

C'est le 30 novembre que le Prince atteignait le territoire des Pays-Bas : à Landrecies la première petite ville espagnole de la frontière. Il pleuvait toujours, les fugitifs étaient plus qu'exténués (1). A peine depuis le départ de Muret, s'étaient-ils reposés quelques instants. Force avait été, à cause des chemins difficiles, dangereux même, d'abandonner en route le carrosse, et la Princesse avait dû passer quinze heures en croupe sur le cheval de Rochefort ; il ne lui était plus possible, mouillée

(1) « Il (le Prince) avait dû, en route, coucher dans un moulin, où il n'y avait ni commodité, ni vivres, ni lit, ni feu? La Princesse était tellement fatiguée que, sans y penser, elle mangeait avec ses gants, lesquels étaient, d'ailleurs, tellement mouillés, qu'elle ne pouvait les retirer sans s'écorcher les mains... L'ESTOILE, II, 547, *op. cit.*, éd. Michaud.

jusqu'aux os, vaincue par la fatigue, d'aller plus loin. D'ailleurs le Prince avait tout lieu de croire qu'à Landrecies il était en parfaite sécurité. La Chaussée, l'envoyé du Roi, attendait et bientôt après arrivaient le chevalier du guet, Balagny, des cavaliers et quelques archers.

Leur mission était d'arrêter Condé et sa femme, pour les ramener à Paris. Le gouverneur de Landrecies était absent. La Chaussée alors montra l'ordre royal aux magistrats de la ville qui furent très perplexes. Résisteraient-ils au Roi de France, ce monarque singulièrement puissant et qui paraissait tenir au delà du possible à cette arrestation? Livreraient-ils, alors, les fugitifs? Ne les livreraient-ils point? En quel embarras tel ou tel de leur acte ne mettrait-il pas les Archiducs? Hésitants, les magistrats leur écrivirent, laissant à Condé ainsi qu'à Charlotte toute liberté de quitter la ville, pensant qu'un heureux départ simplifierait toutes choses. Ils permirent toutefois à Rochefort, gentilhomme du Prince, de se rendre auprès de Leurs Altesses avec mission de porter cette lettre dans laquelle, en ces termes, Henri II demandait aide et protection.

« LE PRINCE DE CONDÉ AUX ARCHIDUCS. — *Landrecies, le* 1ᵉʳ *décembre* 1609. — Messeigneurs : aiant dessaim d'envoïer ma femme vers Madame ma sœur la princesse d'Orange et moy d'aller trouver Vos Altesses, pour des raisons que je les supplie très humblement vouloir ouïr de ma bouche, j'ai despéché ce gentilhomme exprès pour suplier très humblement Vos Altesses vouloir me donner seureté en vos terres et permission de vous aller béser les mains. Si vous ne m'accordés cette grâce, il y va de mon honneur et de ma vie, mais l'assurance que j'ay que Vos Altesses ne refuseront refuge aux affligés m'a fait entreprendre ce chemin. Croïès, Messeigneurs, que vous n'obligerès un ingrat, qui aura avec la grace de Dieu, moïen de vous rendre du service, vous suppliant très humblement me tenir à jamais, Messeigneurs, Vostre très humble et très obéissant serviteur : HENRY DE BOURBON, *Prince de Condé.* »

La nouvelle que Condé venait d'arriver dans les Pays-Bas avait désagréablement surpris les Archiducs. Ils étaient alors en leur charmante maison de plaisance, à Marimont, dans le Hainaut. Fort ennuyés ils ne voulurent point

recevoir Rochefort et, alors, la lettre qu'il leur
apportait. Trois jours se passèrent en courses,
en négociations. Il fallait, toutefois, d'autant
plus se résoudre que Praslin, arrivé à Bruxelles,
exigeait une solution. Rochefort et sa lettre
furent envoyés au duc d'Harshat, gouverneur
de la Province, qui, redoutant de prendre une
décision aussi grave, refusait, également, de
donner audience à Rochefort et, par suite, de
connaître sa lettre. Enfin il y eut une tran-
saction. Charlotte de Montmorency viendrait
à Bruxelles, auprès de la Princesse d'Orange,
sa belle-sœur, et son mari partirait des Pays-
Bas. La petite cour de Bruxelles témoignait
ainsi du désir qu'elle avait de plaire au Roi
de France, tout en faisant respecter « le droit
des gens ». Aussitôt cette décision connue,
Henri II, dès le matin, montait à cheval, et
par Liége, Aix-la-Chapelle et Juliers, allait à
Cologne où il arrivait le 8 décembre, « se met-
tant sous la protection des vieilles libertés
germaniques. Quatre jours après Charlotte,
avec une faible escorte, quittait Landrecies et,
le soir même, était à Bruxelles, à l'hôtel du
Prince d'Orange. Les Archiducs étaient toujours à Marimont, le Prince et la Princesse

d'Orange à Breda, si bien que leur palais était désert. Et Virey craignit fort une tentative que, s'imaginait-il, pourrait faire Praslin, pour enlever la jeune femme et la ramener au Roi Henri, qui l'attendait plus qu'impatiemment. Mais Praslin n'était ni décidé, ni préparé, surtout, à ce coup de force si délicat. Il voulait avoir l'assentiment du Prince d'Orange. Aussi se déterminait-il à partir pour Bréda. Dans sa tentative il échouait, d'autant plus que si Philippe de Nassau, prince d'Orange, s'était montré plus qu'irrésolu, sa femme Éléonore de Bourbon, sœur aînée de Condé, très énergique, très dévouée à son frère, dont, alors, elle soutenait, de toutes ses forces, la conduite, avait fait comprendre à Praslin qu'il devait, considérant sa mission comme terminée et absolument infructueuse, regagner Paris par les voies les plus rapides. Et c'est ce que Praslin estima très prudent de faire (1).

(1) A propos de ce voyage, l'ambassadeur, M. de Rémy, écrivait : « M. de Praslin est un bon seigneur, peu pratique de négociation. Il est bien vrai qu'il est assisté de trois conseillers qui tous s'en veulent faire croire avec divers avis, sinon qu'il faut parler bien haut pour faire peur. Je perds mon nord en la conduite de cette affaire, de laquelle ils disent tous que je ne sais pas le secret ; en un

CHARLOTTE DE MONTMORENCY
à l'époque de son mariage.

(Bibliothèque Nationale)

En l'absence du Prince d'Orange, son maître
d'hôtel et Kerremans, son secrétaire, se mirent
aux ordres de Charlotte. Avertie de son arrivée,
la femme de notre ambassadeur, Mme de Berny
accourut tout aussitôt la voir et, dès ce jour,
devint sa compagne presque inséparable. Puis
M. de Berny écrivait au roi :

« Sire, nous fûmes, hier, toute l'après-dînée
avec Madame la Princesse pour lui faire compagnie à prendre l'air dans mon carrosse comme
elle n'était pas encore sortie de son logis et ne
désirait être vue. Mais Kerremans et le maître
d'hôtel du Prince d'Orange, qui la couvent des
yeux, nous suivirent incontinent ; ils empêchent
que ma femme y soit si souvent ; mais cela ne la
retiendra pas, puisque je sais que Madame l'a
très agréable et que nous ne manquons de lui
porter toutes sortes de petits régalements que
nous voyons qui lui plaisent. »

La rusée coquette fit bientôt perdre la tête
à tous les jeunes gentilshommes de la Cour

mot, ils eussent été plus propres, s'il eût fallu tenir des
couteaux. Ma femme est depuis dix heures du matin avec
cette belle princesse logée chez le Prince d'Orange. Il me
trompera bien si M. de Praslin fait davantage en Hollande
qu'ici, ayant sujet de croire que la longueur de ces gens-
là donnera tout loisir au Prince de faire retraite... »

bruxelloise; son salon ne désemplissait pas; à ce point que ses deux gardiens pensèrent prudent d'y mettre bon ordre (1).

« Ces deux hommes, écrit encore Berny, ont moyenné que l'Archiduc faisait dire à ceux de la Cour qu'on ne l'aliât point tant visiter. Ils la voudraient tenir enfermée dans une boîte et que personne ne la vît ni ne lui parlât qu'eux (2)... »

Est-il nécessaire de dire que Henri IV accueillait Praslin très froidement. Alors on s'avisait de faire écrire par le père de Charlotte, et, aussi au nom de sa tante, une lettre que porterait aux Archiducs « le sieur des Préaux, gentilhomme ».

« *A Leurs Altesses Sérénissimes* — était-il écrit dans cette lettre — Diane, fille légitimée de France, tante de Madame la Princesse de Condé,

(1) « On la trouvait charmante. Tous ces gens de Bruxelles, ourde pâte flamande ou furieux tempéraments espagnols, brûlaient à cette grâce de Française et d'enfant. » THARAUD, *la Tragédie de Ravaillac*. Émile Paul, Paris, p. 84, *op. cit.*

(2) Ces deux lettres dans *Bibl. Nat.*, fonds français, 16129, p. 83.

Henri IV, lui, écrivait à M. de Remy, son ambassadeur à Bruxelles : « Renseignez-moi amplement de toutes choses de ce qu'on dit d'elle, et qu'on la trouve. »

et le duc de Montmorency, Pair et Connétable
de France, son père, remontrent humblement
à Vos Altesses que la dite dame Princesse de
Condé s'est plainte à eux plusieurs fois par
lettres et propos qu'elle tenait à personnes de
qualités et à d'autres leurs serviteurs, pour
leur raporter des outrages, indignités et mauvais traîtements qu'elle a reçu de Monsieur le
Prince de Condé, son mari, pendant qu'ils
étaient ensemble et qu'elle désirait leur représenter sur ce sujet des particularités qu'elle
n'ose commettre à des lettres (1) et moins encore déclarer à qui que ce soit, sinon à eux, à
qui elle estime ne devoir rien céler, et desquels
elle se promet aussi recevoir les conseils qu'une
fille et nièce qui leur a toutjours été très obéis-
sante doit attendre de leur piété et charité, les
priant à cette occasion les retirer du lieu où elle

(1) Faut-il faire remarquer qu'imaginaires sont ces griefs ?
« Sans doute, écrit MERKI (*op. cit.*, p. 253, *la Marquise de
Verneuil*), le prince, par lui-même, n'inspirait qu'un intérêt
médiocre ; son infortune était plutôt ordinaire et la beauté
de sa femme disposait chacun à l'indulgence envers le roi...
Mais, pourtant, les Espagnols ne pouvaient admettre qu'un
exilé français de son rang ne trouvât point de refuge sur
es terres du roi catholique, alors surtout qu'en France les
criminels politiques d'Espagne étaient favorablement ac-
cueillis et même protégés. »

est pour la tenir près d'eux; sur laquelle plainte
réitérée à diverses fois ils auraient été induits
d'envoyer Vos Altesses pour la supplier de
permettre à la dite dame Princesse de les venir
trouver, attendu qu'à cause de leur indisposition et ancien âge, ils ne se pouvaient transpor-
ter vers elle pour lui rendre ce devoir d'amitié;
ayant toujours cru qu'ils ne seraient écon-
duits de cette demande trouvée juste par tous
leurs parents, agents de conseil auxquels ils en
ont communiqué, néanmoins Vos Altesses en
auraient fait refus, dont la dite dame Princesse
de Condé, avertie, aurait derechef eu recours
à eux avec pleurs et gémissements pour les prier
de répéter et continuer encore la même suppli-
cation avec si furieuse insistance qu'elle ne
soit plus retenue où elle est contre son gré, et
par ce moyen, empêcher de suivre en toute liberté la séparation à laquelle elle veut tendre,
en y employant les remèdes que les loix et la
justice lui permettent, par l'avis et avec l'assistance de ceux qui lui appartiennent; au
moyen de quoi ceux qui l'aiment chèrement et
compatissent en son affliction supplient humblement Vos Altesses, par cette requête signée
de leurs mains et qui leur sera présentée par

le sieur des Préaux, gentilhomme exprès, leur
accorder cette juste demande après tant d'insistance qu'ils en ont fait sans leur donner sujet
de se plaindre et d'avoir recours à la protection
de leur Roi, pour obtenir par son moyen ce
qu'ils estiment ne leur pouvoir être justement
dénié (1). »

Puis ce fut M. de Montmorency-Boutteville
qu'Henri IV dépêchait lui-même à Bruxelles.

— Venez-vous donc chercher la Princesse?
lui demanda très sèchement l'Archiduc.

— Nullement, répondit l'ambassadeur, je
suis envoyé par son père et par sa tante pour
la consoler. Le connétable supplie Votre Al-
tesse de vouloir bien la garder auprès d'elle
et de ne pas souffrir qu'elle aille à l'aventure
courir le monde (2). Il compte même sur votre
intervention bienveillante à l'effet de ménager

(1) Reproduite par duc D'AUMALE, *Histoire des Princes de
Condé, op. cit.*, Appendice, 535-536.

Le Connétable, à Paris, affectait de réclamer sa fille
pour qu'elle revînt être la consolation, l'appui de sa vieillesse, et bien que de nature assez peu tendre ou sentimen-
tal, il s'apitoyait volontiers, mais ostensiblement, « sur
les malheurs de Charlotte ».

(2) « Ils la voulaient tenir enfermée dans une boîte ni
que personne ne la vît et ne leur parlât qu'eux... » *Lettre de
Berny*.

une réconciliation entre le Roi et le Prince; dans ce but il vous prie de lui envoyer un sauf-conduit et de le faire venir dans vos États, afin qu'il soit plus facile de parvenir à bonne entente.

Ce langage modéré faisait impression excellente.

L'Archiduc, alors, ne demanda pas mieux que d'entrer dans une voie de conciliation. Il n'avait pas, jusqu'à cette heure, étant revenu à Bruxelles, voulu visiter la Princesse ou la recevoir en son palais. Il la fit prévenir qu'il l'attendait.

— Madame, lui dit l'Infante, en l'accueillant, je ne puis que vous approuver, une femme doit toujours suivre son mari.

Le lendemain l'Archiduc lui rendait sa visite à l'hôtel de Nassau. Charlotte de Montmorency le recevait au bas de l'escalier, qu'il montait, le chapeau à la main. Ils demeurèrent deux heures ensemble, l'Archiduc les yeux fixés à terre sans oser regarder la Princesse. Comme elle le reconduisait, ils traversèrent les salles où étaient appendus de nombreux portraits des grandes dames du XVIe siècle; des portraits de famille.

— Autrefois, dit-il galamment, on les tenait pour belles; mais aujourd'hui pourrait-on parler d'une autre beauté que la vôtre?

En son intime pensée ne donnait-il pas, ainsi, raison à Henri IV :

Omnia vincit amor et nos cedamus amori, écrivait Virgile : « Puisque l'amour a vaincu toutes choses, cédons nous aussi à l'amour. »

Berny, l'ambassadeur de France, n'aurait pas voulu que Condé vînt à Bruxelles; il eût préféré qu'il ne dépassât pas Louvain, où M. de Montmorency-Boutteville serait allé négocier avec lui.

— Trop tard, répliquait l'Archiduc, j'ai donné le sauf-conduit que demande le Roi de France, étant fort aisé de lui être agréable et le Prince arrivera bientôt à Bruxelles.

C'est le 2 décembre 1609 qu'il y arrivait.

On lui rendit tous les honneurs que prescrit l'étiquette espagnole. Les Archiducs le recevaient avec grands égards, sa sœur et son beau-frère avec affection, sa femme plus que froidement, ils ne s'étaient jamais, d'ailleurs, témoigné tendresse excessive. Henri IV, nous le savons, les avait fiancés par force et c'est par devoir qu'ils s'étaient mariés. Condé n'était pas d'humeur aimable; en outre, il était jaloux et si la Princesse n'avait rien fait pour absolument encourager la passion du Roi, du moins est-il possible de croire qu'elle n'était pas insensible aux hommages d'un si grand Prince. Longtemps après, dans sa vieillesse, retirée à Chantilly, pendant la captivité de son fils le grand Condé, elle évoquait non sans émotion et orgueil, ce souvenir. Lorsqu'il lui fallut quitter Muret elle ne put retenir ses larmes et, depuis son arrivée à Bruxelles elle était d'une tristesse que ses premières communications avec sa famille n'étaient point de nature à chasser (1).

L'arrivée du mari à Bruxelles inquiéta fort

(1) Duc D'AUMALE, *Histoire des Princes de Condé, op. cit.,* p. 284. — Cf. DE LA FERRIÈRE, *Henri IV, op. cit.,* pp. 270-273; — MERKE, *la Marquise de Verneuil, op. cit.,* pp. 239-241 ; — JÉROME et JEAN THARAUD, *op. cit., la Tragédie de Ravaillac,* pp. 86-87, qui disent : « On ne voyait dans Bruxelles que des cavaliers français. Les auberges retentissaient de leurs disputes et de leurs fanfaronnades. Monsieur le Prince ne se promenait plus qu'un pistolet à la ceinture, car le bruit s'était répandu que le Roi avait payé tous ces cavaliers pour le tuer. Il était d'esprit fantasque et d'humeur voyageuse. Déjà les Pay-Bas lui semblaient trop peu sûrs de nouveau, il songeait à fuir, à allonger les lieues qui le séparaient du Louvre, et ses regards, maintenant, se tournaient vers l'Espagne ou le Milanais. »

l'amoureux qu'était Henri IV, plus forcené-
ment que jamais. A tout prendre, Condé n'eût
pas demandé mieux que de revenir en France,
mais il voulait, entre autres choses, comme ga-
ranties, une place sur la frontière pour être
sans doute plus prêt à fuite nouvelle. « Si je
n'avais pas de femme, disait-il, j'irais me jeter
au cou du Roi; mais son amour persistant toujours, je me garderai bien de ne pas rester en
pays étranger. Je me porterai plutôt à toutes
sortes d'extrémités; j'irai, s'il le faut, en Espagne. Tant que j'aurai ma femme, il ne m'est
pas possible d'agir autrement. »

Ce qu'ayant su Henri IV riposta : « Jamais je
ne lui pardonnerai, tant qu'il ne voudra pas
rentrer en France. »

Et à son ambassadeur de Berny il écrivait
encore :

« Je désire que vous donniez charge à votre
femme de voir souvent la Princesse et l'assurer
que vous avez parole de moi de l'assister et lui
bailler tout ce dont elle aura besoin; mais surtout que ce soit de façon que ni le Prince ni pas
une de ses femmes n'en sache rien (1). »

____

(1) *Lettres Missives, op. cit.*

Mais nous ne pouvons nous attarder au récit méticuleux de toutes ces intrigues qui virevoltaient autour de Condé et de sa femme (1). Disons pour couper au court, que Henri IV, voulant avoir Charlotte à toute force, résolut de la faire enlever. Et c'est ici que la comédie avoisine le tragique. Un enlèvement comme dans un de nos drames modernes! Aussi bien la Princesse qui s'ennuyait à Bruxelles ne voyait pas de mauvais cœur cet enlèvement qu'eussent favorisé toutes les « dames de son entourage ». Spinola (2) fut averti et ne de-

(1) Aussi bien, tournerions-nous toujours dans le même cercle : intrigues et lettres du Roi pour que Charlotte soit soustraite à son mari, surveillance du mari pour que sa femme soit soustraite au Roi, lassitude de Charlotte et, peut-être enfin, son indécision entre l'époux et l'amant ; puis les archiducs qu'amuse, au fond, cette « pièce héroï-comique » non, toutefois, sans qu'une pointe d'inquiétude ; car nous verrons, bientôt, qu'ils écrivent à Condé pour lui « offrir de renvoyer sa femme ».

(2) Né à Gênes (1571-1630), d'une des plus illustres familles génoises : tour à tour commerçant, littérateur, mathématicien ; puis général, équipant à sa solde 10.000 soldats, qu'il conduit dans les Flandres ; commande l'armée de Philippe III, assiège et prend Ostende (1604). Au commencement de la guerre de Trente ans soutient la cause de Ferdinand II et, alors, s'empare du Palatinat, s'empare de Juliers (1622), de Bréda (1625), mais ne peut prendre Casal et meurt dans un château voisin de cette ville. Homme de guerre su-

manda pas mieux que « de s'engager dans l'affaire »; d'autant plus qu'il était, sans que l'on s'en doutât, devenu subitement amoureux de la femme si fort désirable de Henri II. Qui sait ? Qu'adviendrait-il, pour lui, de l'aventure ?

Henri IV, bavard comme tous les amoureux, avait parlé de son projet, et le comble, vraiment, c'est qu'il l'avait naïvement avoué à sa femme Marie de Médicis, laquelle avait fait prévenir Condé de « surtout se méfier le plus qu'il pourrait ».

Henri IV envoyait de Cœuvres (1) à Bruxelles. Il avait mission officielle de négocier avec Condé, mais cette « mission officielle » n'avait d'autre objet que cette autre très secrète enlever la Princesse.

périeur. L'un des plus célèbres « aventuriers » que l'Histoire connaisse, mais aventurier de large envergure.

(1) François-Annibal, duc d'Estrées (1573-1670), était frère de Gabrielle d'Estrées, duchesse de Beaufort. S'appela marquis de Cœuvres, lorsqu'il quittait l'épiscopat, étant évêque de Noyon. Envoyé par Richelieu pour restituer la Valteline aux Grisons. En 1626, maréchal de France. De 1639 à 1642 ambassadeur à Rome. Était, à l'avènement de Louis XIV, gouverneur de l'Ile de France. Écrivit la *Relation du siège de Mantoue* qu'il soutenait en 1629 et a laissé des *Mémoires*.

On croyait être assuré à Paris — *ici nous suivons, jusqu'au départ de Condé* (1) *pour Milan, la version que donne le duc d'Aumale* — on croyait être assuré à Paris que Charlotte, nous venons de le dire, ferait peu de résistance. Les intrigues de tout genre qui avaient pour objet de la détacher de plus en plus de son mari avaient continué. Mme de Berny, éloignée par la vigilance du Prince, ne pouvait plus guère visiter la Princesse; mais les deux femmes qui ne l'avaient point quittée depuis le départ de Muret étaient gagnées. Girard, un secrétaire du Connétable, allait et venait sans cesse entre Paris, Chantilly et Bruxelles, portant des lettres, des avis, des instructions. Le Roi était l'âme de ces manœuvres. Toute la famille de Charlotte en était complice. Celle-ci se fatiguait chaque jour davantage de la triste vie qu'elle menait à Bruxelles, où aucun plaisir, aucune distraction ne venaient rompre la monotonie d'une étroite surveillance. Isolée, séparée des siens, de sa tante Madame d'Angoulême qui avait été pour elle comme une seconde mère et dont elle reconnaissait les soins par une tendre affection,

(1) Duc D'AUMALE, *Histoire des Princes de Condé, op. cit.,* II, pp. 296-302.

elle regrettait sa patrie, sa famille, le beau séjour
de Chantilly, et cette brillante Cour de France
où elle n'avait paru qu'un moment. Elle hési-
tait encore, retenue par les liens du devoir et
de l'honneur mais déjà ébranlée et assez disposée à se laisser forcer la main.

Donc une lettre de Paris mettait en éveil les
serviteurs de Monsieur le Prince; sur une in-
dication donnée par de Thou, avec tous les mé-
nagements que lui commandaient sa position
et son caractère, Harlay de Beaumont écrivit
à Virey qu'un pèlerinage projeté aux environs
de Bruxelles, pour la Chandeleur, devait servir
d'occasion à l'enlèvement. Le pèlerinage fut
contremandé, et Virey redoubla de vigilance.
Son cœur était cependant rempli d'inquiétude
et de tristesse. On lui avait dit que sa femme
avait été arrêtée, conduite à la Conciergerie,
et confondue avec des filles de mauvaise vie.
On ajoutait aussi que son fils, âgé de neuf ans,
avait été jeté en prison. On trouvait ainsi
moyen d'aggraver la conduite déjà fort dure
et injuste du Roi. La femme de Virey n'avait
pas été menée à la Conciergerie mais laissée
d'abord en garde au grand Prévôt de l'Hôtel,
puis envoyée à Châlons chez son père, qui dut

répondre d'elle. Son fils avait été remis à l'un de ses amis, Dollé, qui s'était chargé de le garder chez lui. Ces rigueurs ne faisaient que redoubler l'activité de l'honnête et courageux secrétaire. Il épiait avec soin les démarches de Girard et se tenait aux aguets. Bientôt un de ses agents, qu'il avait recruté pour l'assister, de Vallobre, gentilhomme avignonnais fixé à Bruxelles, ancien page du Connétable, véritable coupe-jarret qui avait dû quitter la France pour se soustraire à des poursuites judiciaires, l'informa que le marquis de Cœuvres venait de le prendre à son service. Les renseignements que le marquis lui avait demandés sur la région, sur la ville, les instructions qu'il lui avait données ne permettaient point de douter qu'un coup de main se préparât. Virey avertissait Spinola qui lui conseillait de s'engager plus avant avec de Cœuvres.

On apprit alors qu'un trou devait être percé dans les murailles de Bruxelles; qu'on enrôlait des hommes; qu'on cherchait des chevaux et que des intelligences avaient été pratiquées jusque dans la garde des Archiducs.

Vardes, gouverneur de la Capelle, venait d'arriver. Il était appelé, affirmait-il, par des

affaires particulières; mais on tenait comme
certain que sa mission était de « conduire la
Princesse dans son gouvernement ».

Le péril devenait sérieux et prochain. Il fallait prévenir l'Archiduc. Quant à Condé, afin
d'éviter un éclat, on ne lui faisait qu'une demi-
révélation; bien que de France on l'eût avisé
déjà de se méfier. On voulait l'amener surtout à demander que sa femme habitât le
palais archiducal; ce qui, d'ailleurs, fut accordé très facilement.

C'était déranger toutes les combinaisons
préparées par l'ambassadeur de France. Mais
quels prétextes pour s'opposer à ce changement d'habitation?

Alors, il imaginait ceci :

Les femmes de la Princesse étaient à sa discrétion. Elles insinuèrent à leur maîtresse l'idée
de demander à Spinola, le galant marquis ne
pouvait refuser, de lui « donner les violons »,
c'est-à-dire, d'après le langage courant, « un
bal », et ce bal dans le lieu même qu'elle habitait. Un assez appréciable délai serait évidemment nécessaire pour organiser cette fête;
force donc de prolonger d'autant le séjour de
la Princesse à l'hôtel d'Orange; car pareils di-

vertissements n'étaient point permis — de
par l'étiquette en usage — dans le palais archiducal. Le piège fut éventé par Spinola, qui
refusait.

De Cœuvres n'avait donc plus qu'à brusquer
l'entreprise.

Le 14 février — nous sommes en 1610 —
était le jour convenu pour l'entrée de la Princesse au palais. C'est alors que, pour l'enlever
dans la nuit du treize au quatorze, il prenait
ses dispositions. Spinola, quelques heures auparavant, en fut informé. Cette fois il fallait
bien tout dire à Condé, qui, bien que sur « le
qui-vive », ne put maîtriser son émotion. Non
content de réclamer une garde à l'Archiduc, il
remplissait le palais de ses plaintes. Puis il
courut par la ville, implorant l'assistance de
tous ceux qu'il rencontrait. Le Prince d'Orange,
non moins exaspéré, convoquait, en armes,
tous ses amis, voulant « tout prendre et tout
tuer ».

La nuit commençait. Les gens de guerre s'appelaient à haute voix ; des piquets de cavalerie,
que des torches précédaient, parcouraient tout
Bruxelles d'un point à l'autre. Autour de l'hôtel
d'Orange, on postait des soldats ; on allumait

PORTRAIT D'HENRI IV
par Porbus.

(Bibliothèque Nationale)

des feux. Toute la ville était en émoi. On assurait même que « le Roi de France était aux portes ».

Le marquis de Cœuvres caché dans la chambre de la Princesse, n'eut que le temps de se sauver. Mais comme on n'avait pu saisir aucune preuve de la tentative qu'il avait préparée, il nia. Certes, il était homme à faire bonne contenance; et même, « pour mieux prendre le taureau par les cornes », il se plaignit de « l'affront qui, la veille, avait été fait au Roi, son maître ». Avec une modération très grande l'Archiduc répondait qu'il n'avait pu refuser une garde à Condé, qui la lui avait demandée.

Puis, du palais archiducal, de Cœuvres courait à l'hôtel d'Orange. Ayant annoncé au Prince qu'il le « déclarait coupable de lèse-majesté, s'il ne se soumettait au Roi », il partait, lui laissant un procès-verbal de cette sommation.

Le Prince prit aussitôt la plume pour répondre, affirmant qu'il obéirait aux ordres du Roi, ainsi qu'il l'avait toujours dit et le disait encore, dès qu'on lui donnerait les sûretés dont il avait besoin pour son honneur; ajoutant qu'il était incapable de jamais rien entreprendre contre le service de Sa Majesté.

Cette déclaration fut rédigée dans la forme authentique par Michel Nourisseur, notaire et tabellion qui l'allait porter à de Cœuvres, sans plus tarder. De Cœuvres la prenait, négligemment, puis la lisait. Et l'ayant lue, il courait vite après le notaire pour la lui rendre et le forcer, l'épée à la main, à reprendre « son papier ».

A la suite de cette scène Condé craignit, ou feignit de craindre que le séjour de Bruxelles ne lui offrît plus sécurité suffisante ; qu'il y fût trop exposé aux conséquences de la colère qu'il pouvait redouter du Roi ; et non sans raison. Aussi bien cette évasion manquée le rendait-il tant soit peu ridicule. Il se décidait donc à quitter Bruxelles, laissant la Princesse sous la garde des Archiducs qui lui jurèrent qu'elle ne quitterait point leur palais sans qu'il y eût consenti.

Ce départ bien arrêté, restait à choisir le lieu de la nouvelle retraite. Condé choisissait Milan, où le duc de Fuentes était « gouverneur pour le Roi d'Espagne » et il fut convenu que le voyage se ferait le plus secrètement possible. Seuls, outre les Archiducs et peut-être Charlotte, furent dans la confidence Spinola et le comte d'Anovar, que le roi d'Espagne avait accrédité auprès de Condé. Le 21 février (1) il partait de Bruxelles avec ses trois compagnons habillés comme lui, à la Walonne. Une neige abondante se refermait sur les pas des chevaux, favorisait la fuite. Le voyage fut long, pénible; le froid était dur, les gîtes mauvais. Personne n'avait reconnu le fugitif sauf, par hasard, un négociant hollandais que Virey, parce qu'il ne croyait pas à la discrétion, voulut jeter dans un précipice; toutefois il ne l'y jeta point. Le 30 mars, le Prince entrait dans le châ-

(1) Au moment même où Condé partait de Bruxelles pour Milan, Henri IV écrivait à Preaux.

« Preaux; j'écris à mon bel ange; faites-lui tenir ma lettre si vous pouvez. Puisque Girard et notre hôtesse y vont, il peuvait m'obliger en cela de les bailler, tous autres moyens m'étant interdits. Priez-en l'une de ma part et le commandez à l'autre. Renvoyez-moi celles que je lui ai écrites et qu'on ne lui a baillées. Je crois que le partement de notre fou suivra de près celui du marquis, alors vous pourrez juger des intentions des Archiducs. Les père et tante ont parlé à Pécus : ils me donnent bien de a peine, car ils sont froids plus que la saison, mais mon fou les dégèle dès que j'en approche. Mandez-moi le plus de nouvelles que vous pourrez, principalement de votre prisonnière. » Dans *Henri IV raconté par lui-même. Choix de lettres.* Paris Picard, 1913, p. 374.

Le fou est le prince de Condé. Pecquius est le représentant des Archiducs à Paris. On voit que Charlotte est toujours obstinément présente dans la pensée de Henri IV.

tcau de Milan, où « l'éclat et la solennité de l'accueil furent évidemment calculés ».

De Cœuvres était revenu fort quinaud à Paris. Le Roi le malmena plus que de raison. « C'est, écrivait Malherbe à Peiresc, c'est la coutume d'attribuer les mauvais événements des affaires à ceux qui les ont négociées. »

Quelques jours après le départ de Condé, M. de Berny, qui n'avait pas encore eu l'occasion de revoir la Princesse, la rencontrait par hasard au pèlerinage de Notre-Dame-du-Lac, où l'Infante l'avait menée. Il la trouva souriante. — Le bruit court, Madame, lui dit-il, que vous vous plaisez fort dans votre paradis — — elle habitait tout en haut du palais archiducal — que si, maintenant, on vous offrait de revenir en France, vous vous y refuseriez. — Ceux qui disent cela — se trompent, répondit-elle, je cherche seulement à me distraire, avec mes femmes qui me sont toutes attachées et toutes m'aiment. — La Princesse, reprit alors l'Infante, sait très bien l'espagnol et le pourrait parler si elle le voulait. — Je crains alors, répondait Berny, qu'elle n'oublie totalement le français. — Rassurez-vous, répliqua la Princesse, je m'en garderai bien. — L'Infante sourit de la réponse et Berny se retira sans ajouter un mot (1).

Nous n'insisterons plus sur toutes les nouvelles tentatives — alors que Condé était à Milan — faites par Henri pour que sa Charlotte revînt en France et aussi sur les tentatives qu'il faisait faire par le Connétable. Les Archiducs, loyalement, n'eurent jamais l'intention, leur parole étant formelle, d'insinuer à Charlotte de revenir en France, mais, en réalité, fort perplexes, n'ignorant point que Henri IV était sur le point de déclarer la guerre à l'Espagne, ils écrivirent à Condé pour lui offrir de lui renvoyer sa femme. Et la lettre n'était pas des plus aimables. Il faut dire que la mort du Roi survenant, cette lettre ne fut pas envoyée.

« Ayant considéré — mandait-elle au Prince — le peu d'affection que la Princesse découvre envers vous, à ce point que depuis votre partement, il n'y a jamais eu moyen de lui faire recevoir ni lire seulement aucune lettre venant de vous ; ce qu'ayant considéré et le dégoût, ennui et déplaisir que la Princesse découvre

(1) *Bibl. Nat.*, M⁰⁰ fᵉ 16129.

journellement de plus en plus, de se voir retenue chez nous, nous avons été occasionnés de vous en donner compte, afin qu'y avisiez sérieusement et à donner aussitôt réponse et quelque sorte de satisfaction sur la réquisition du Connétable (1). »

(1) La minute de cette lettre est conservée dans les archives de Belgique.

ÉPILOGUE

LE RETOUR EN FRANCE

Mais voici que le Roi est « coutelassé » — ce mot pittoresque est de l'Estoile — par Ravaillac. Cette mort tragique, que pressentait le monarque (1), termine brusquement les amours de Charlotte et de Henri.

Henri IV avait-il, lorsqu'il mourut, la conception de la « grande œuvre » que lui suppose Sully (1) dans ses *Économies royales*, celle d'une *République Européenne* ou mieux des *États-Unis d'Europe*.

Le peuple qui, depuis quelques années seulement, jouissait d'une paix relative ; cette

(1) Voir sur ces projets, *Économies royales* de SULLY, pp. 217-259, t. II, édit. Michaud. — Il faut beaucoup en laisser et n'en que très peu prendre. Il semble que Sully a beaucoup d'imagination. D'ailleurs c'est de mémoire, souvent infidèle, qu'il rédige ses *Économies*.

paix si chèrement acquise depuis la fin des « Luttes religieuses » — était résolument hostile à toute nouvelle guerre. Elle lui semblait imminente toutefois, et alors impopulaire, parce que pour réunir une armée considérable, — plus de cent mille hommes d'infanterie et de cavalerie, de toutes nations d'ailleurs, comme les troupes en ce temps — il avait fallu recourir à de nouveaux impôts. Puis, on la disait faite en faveur des protestants d'Allemagne, quelques-uns même affirmaient contre le pape. Pour certains, en effet, très nombreux, Henri IV, malgré sa conversion — toute politique d'ailleurs, au catholicisme — était toujours, au fond du cœur, resté protestant. Il n'en est pas moins vrai que Henri IV craignait, pour la France, la formidable puissance de la Maison d'Autriche, et redoutait pour elle les Espagnols (1) qui sur la frontière, du sud au

(1) Henri IV avait maintes raisons de ne pas beaucoup aimer les Espagnols. L'une de ses premières maîtresses, la duchesse de Verneuil, conspirait avec son père et le comte d'Auvergne qui avaient des intelligences en Espagne. N'avaient-ils pas formé le projet insensé, criminel, de tuer le roi et de faire proclamer l'illégitimité de son mariage pour mettre sur le trône un bâtard ? Henri eut la faiblesse de pardonner et de revenir implorer les faveurs de sa hautaine favorite. Il écrivait à *la marquise de Verneuil*, en 1608 (?),

nord, étaient toujours en perpétuelles agitations et menaces. Peut-être que le coutelas de Ravaillac l'empêcha-t-il d'entrer en campagne, mais il est raisonnable de croire qu'il ne se fût pas « présenté aux portes de Bruxelles » seulement pour enlever « cette nouvelle Hélène » qu'était Charlotte. Dans cet esprit français par excellence, l'imagination méridionale était, plus qu'on ne le suppose, tempérée par le bon sens; la pratique toujours prête à corriger la théorie. Alors qu'il était à la veille d'être assassiné, le caprice amoureux n'avait pas plus inspiré que modifié ses plans. Lorsque l'on étudie le détail et la perfection de ses préparatifs militaires, l'ensemble et la profondeur de ses combinaisons, lorsque l'on analyse les ressources qu'il avait accumulées, les alliances qu'il

sans date : « Vos belles paroles sont bien reçues de moi quand les effets vont devant ; mais quand elles ne sont que pour couvrir vos manquements, je les reçois comme trompeuses. Je trouvai ce matin, à la messe, des oraisons en espagnol entre les mains de notre fils. Il m'a dit que vous les lui aviez données. Je ne veux pas qu'il sache seulement qu'il y ait une Espagne ; et vousvous en êtes si mal trouvée que vous devriez désirer que la mémoire en fût perdue. Je ne fus, il y a longtemps, si mal édifié de vous que je suis... » Dans Nouaillac, *Henri IV raconté par lui-même*, pp. 76 et 365. Paris, 1913, librairie Alphonse Picard.

s'était, de longue main, assurées — bien que ni les Hollandais, ni les Vénitiens, ni l'Angleterre ne voulussent s'associer à cette « entreprise hasardeuse et téméraire » — lorsqu'enfin on contemple la situation en ce temps de la France et de l'Europe, il faut vraiment ne plus combiner tout un poème de chevalerie que l'on voudrait attribuer à Henri IV, devenu paladin.

Amour! Amour! tu perdis Troie.

disait le poète; et peut-être est-il possible que Henri IV, en un moment de passion, où l'esprit ne raisonne plus, se soit écrié lui aussi :

« Qu'on se souvienne que justement Troyes — Troyes, pour lui, était Bruxelles — était détruite, parce qu'Hélène ne fut pas rendue. »

Mais au fond, ce n'eût été qu'une nouvelle gasconnade; « une galéjade » comme l'on dit dans un autre Midi (1).

(1) Ce passage de Brantôme est, ici, curieux à rappeler. « Ce fut lui seul — l'amiral Bonnivet — qui conseillait au roi François de passer les monts et suivre M. de Bourbon ayant laissé Marceille non tant pour le bien et le service de son maître que pour aller recevoir une grande dame de Milan, et des plus belles, pour maîtresse quelques années devant et en avoir tiré plaisir et en vouloir retâter. Et l'on

A Milan, Condé apprit avec émotion, avec
chagrin réel la mort de Henri IV. Alors, tout
aussitôt il préparait son retour en France, se
riant de ce que les ministres espagnols eussent
presque sérieusement songé à faire de lui « un
candidat au trône ». Mais il lui sembla toutefois
qu'il lui fallait mettre quelque discrétion à revenir.

Il lui fut donné un passe-port pour les Pays-
Bas, et un brevet de capitaine de chevau-
légers comtois. Avec Virey, il quittait Milan
le 9 juin, traversait rapidement la Suisse, la
Franche-Comté, la Lorraine, et de Bruxelles,

dit que c'était la senore Clérice et pour lors estimée des
plus belles dames de l'Italie. Voilà qui le menait. J'ai ouï
dire ce conte d'une grande dame de ce temps-là et même
qu'il en avait fait cas au roi de cette belle dame, et lui en
avait fait venir l'envie de la voir et coucher avec elle ; et
voilà la principale cause de ce passage du roi — *le passage
des Alpes pour envahir l'Italie* — qui n'est à tous connu. Ainsi
la moitié du monde ne sait comme l'autre vit, car nous
cuidons la chose qui est de l'autre. Ainsi Dieu, qui sait tout,
se moque bien de nous... » BRANTOME, *les Grands Capitaines
français*, t. III, pp. 67-68 de la *Collection des œuvres complètes
de Brantôme*. Librairie de la Société d'Histoire de France,
MDCCCLXVII.

Voir aussi dans MARGUERITE DE NAVARRE, *l'Heptameron*, éd.
Garnier, p. 109, la nouvelle XIV : *Subtilité d'un amoureux qui,
sous la faveur du vrai ami, ceuilla d'une dame milanaise le fruit de
ses labeurs passés.*

où il arrivait le 18, expédiait à Paris son secrétaire portant des lettres de soumission pour le
Roi et la Reine régente.

Avant son départ de Milan il avait écrit à
sa mère.

« Madame ma mère. — Je vous envoie deux
lettres, l'une au Roi, l'autre à la Reine, pour
me condouloire avec eux de l'horrible assassinat commis en la personne du feu Roi mon
Seigneur et leur témoigner l'extrême regret que
j'en ai eu; comme aussi leur offrir mon très
humble service. La Reine sait mieux que personne la juste cause que j'eus de quitter la
France. C'est pourquoi je vous supplie l'assurer que tout ce qu'on peut lui avoir dit
que j'ai parlé hors de cette cause-là est très
faux, lui ayant toujours gardé et au Roi
mon Seigneur, son fils, en paroles et effets,
l'honneur et respect que doit un très humble
sujet ; et pour ce que votre prudence saurait mieux lui donner par vos discours, cette
assurance de la vérité de mes paroles, je m'y
remettrai. Attendant l'honneur de ses commandements et des vôtres, je demeurerai
pour jamais, Madame ma mère, votre très
humble, très obéissant fils et serviteur. — *A*

Milan, ce dernier mai 1610. Henri de Bourbon (1). »

Sans avoir voulu se rencontrer avec sa femme à Bruxelles, Henri II regagnait Paris. Dans sa lettre à Peiresc, samedi 17 juillet, Malherbe raconte son entrée, qui fut plutôt tapageuse.

« Monsieur le Prince si longtemps attendu arrivait hier sur les six heures du soir. Sa venue avait donné à chacun des espérances et des craintes; mais je crois que les unes et les

(1) Dans L'Estoile, *Journal de Henri IV*, IV, pp. 122-123, *op. cit.*

(2) « Monsieur le Prince est à Bruxelles depuis quelques jours. On l'attend ici — à Paris — la semaine qui vient ; il a été à Mariemont voir les Archiducs et y fut deux heures seulement. L'infante lui dit qu'elle avait une requête à lui faire : lui qui se douta que c'était de vouloir voir Madame sa femme, lui répondit qu'il la suppliait de ne lui rien commander où il fut réduit en cette extrémité de lui désobéir, pour ce que il aimerait mieux mourir ; ainsi les choses en demeurèrent là. Si tient-on qu'il la reprendra, mais qu'il veut en être prié par Monsieur le Connétable et Messieurs ses parents. Toutes les lettres que le feu Roi avait montrées où il était appelé *mon tout* et *mon cher chevalier*, sont désavouées ; et pour la requête présentée à Bruxelles contre Monsieur son mari, l'on dit que ç'a été par le commandement du père ; le père dit qu'il l'a fait de la peur qu'il avait que sa fille n'allât en Espagne. Voilà comme l'on en parle. Ce sont choses de grands où les petits n'ont que voir. Ils s'accorderont et nous demeurerons leurs serviteurs. » *Lettre de Malherbe à Peiresc*, 26 juin, III, p. 183, dans *op. cit.*, éd. Lalanne, I.

autres seront trompées; et que ce Prince, se
ressouvenant de ce qu'il est, n'aura point de
plus forte passion que les bonnes grâces du
Roi et de la Reine. Il partit treize cent cinquante chevaux pour aller au-devant de lui;
car ils furent comptés par un à qui M. d'Espernon avait donné cette charge. Il partit de
Bruxelles avec cinquante ou soixante, mais
par les chemins cette troupe s'accrut de la noblesse des lieux où il passa, si bien que jeudi
soir lorsqu'il arrivait à Louvres-en-Parisis, il
pouvait y avoir environ deux cents chevaux!
Hier, au matin, il s'en alla à Saint-Denis où il
fit dire messe pour l'âme du feu Roi. Cela fait,
il s'en revint dîner au Bourget; où le furent
trouver ceux de cette Cour à qui la Reine le
permit.

« Monsieur le Grand avait une troupe de
cent ou six vingt chevaux et était à son logis
prêt à partir lorque M. d'Espernon, avec une
semblable troupe, le vint trouver et le prier
qu'ils allassent ensemble; ce qui fut fait.
M. d'Espernon, devant que de partir, avait dit
la harangue qu'il lui voulait faire, qui est qu'il
était son très humble serviteur pour le rang
qu'il tenait en France; mais qu'il lui protes-

CHARLOTTE DE MONTMORENCY

(Bibliothèque Nationale)

tait que s'il se laissait porter à quelque chose préjudiciable au service du Roi ou la Reine, il ne fit nul état de lui. Je ne sais s'il aura parlé avec cette liberté, mais je sais bien que Monsieur le Prince lui ayant demandé que s'il était vrai que pour sa venue il eût renforcé les gardes, il lui répondit que ceux qui le lui avaient dit étaient des flatteurs et des menteurs, et que hors de son respect il leur maintiendrait qu'ils avaient menti et qu'il le croyait trop serviteur de Leurs Majestés pour avoir pris aucun ombrage de lui.

« Toutes ces troupes qui étaient allées au-devant de lui s'en revinrent qui une heure, qui deux devant qu'il arrivât, pour se trouver auprès du Roi et de la Reine lorsqu'il arriverait; de sorte que sa troupe n'était point de deux cents chevaux, et trouva auprès de Leurs Majestés tout ce qu'il avait vu auprès de lui une heure ou deux auparavant.

« Jeudi au soir la Reine fit faire nouveau serment à Messieurs les Maréchaux et envoya chercher le capitaine des Gardes, à qui elle défendit obéir ou reconnaître autre que le Roi, elle, et leur coronel; ce qu'ils promirent. M. le comte de Soissons, deux ou trois heures devant que Monsieur le Prince arrivât, s'en vint au Louvre avec deux cents chevaux et plus. Hier même il avait été commandé aux habitants d'être en armes, et à ceux qui n'en n'avaient point d'en acheter.

« Aujourd'hui, grâce à Dieu, l'on reconnaît que ces ombrages étaient sans fondements, et n'a-t-on autre espérance que de repos pour les actions et le langage de Monsieur le Prince. Il salua le Roi et la Reine dans la chambre de la Reine où elle l'attendait, au coin de la cheminée qui est aux pieds du lit du Roi. Il ne se fit devant le monde, qui était infini dans cette chambre, autre chose qu'une simple salutation, en laquelle Monsieur le Prince mit le genou fort bas. Il y en a qui disent qu'il le mit à terre. La Reine dit elle-même qu'elle n'en sait rien. Cela fait, elle entra dans le cabinet où il la suivit, et parlèrent ensemble autant que vous serez à lire cette page.

« M. le comte de Vendôme, et quelques autres, étaient dans le même cabinet, qui ne s'approchèrent point bien qu'il y eût un cardinal (1) qui ne fut pas si retenu et voulut

(1) C'était le cardinal de Sourdis, fils de François d'Escou-

avoir part à leurs discours. Monsieur le comte,
s'en moquant, dit à M. de Vendôme : « Allez
dire à ce Prince de votre sang qu'il s'ôte de là. »
Après fort peu de paroles la Reine lui dit qu'il
s'allât débotter et lui commanda qu'elle le vît
après souper. Il s'en alla donc à son logis, à
l'hôtel de Lyon près la porte de Bussy, et y fut
accompagné par M. de Guise et M. le chevalier
son frère. Ils y furent si peu que je crois qu'ils
ne firent que le mettre dans sa chambre. Monsieur le Prince fut, après souper, voir la Reine
avec soixante ou quatre-vingts chevaux. Aujourd'hui, le matin, il s'est promené en carrosse,
ayant M. le Prince de Joinville auprès de
lui; et près de quatre-vingts chevaux à l'en-
tour du carrosse; et après-dîner à cheval, avec
la même suite. M. de Guise, et ceux de sa maison, sont parfaitement bien avec lui; M. de
Bouillon et M. de Sully sont encore de ce parti.
Pour moi, je crois que tout le monde sera sage
et que l'on en sera quitte pour l'augmentation
des pensions. L'on m'a dit qu'il demande quatre
cent mille livres et l'état de connétable après la

bleau, marquis d'Alluye, et d'Isabelle Babon, fille de Jean
Babon, sieur de la Bourdaisière, et tante de Gabrielle
d'Estrées, mère du duc et du chevalier de Vendôme.

mort de M. le Connétable (1). Je crois que de cela il pourra avoir cent mille écus de pension...

« ... Monsieur le Prince vit Madame la Princesse à Marimont quand il alla voir les Archiducs, mais ce fut de loin et sans parler à elle. L'Infante lui ayant dit qu'elle lui voulait faire une requête, il lui répondit qu'il aimerait mieux être mort que de lui désobéir, mais qu'il la suppliait de ne lui point parler de voir sa femme; ainsi les choses sont encore en ces termes. Il donnait à l'Archiduc une épée de huit ou dix mille écus que, certainement, on dit être la plus belle chose qui se puisse voir. Au seigneur Spinola il donnait deux poignards que l'on tient valoir deux mille écus... Il donnait à la gouvernante de l'Infante un diamant de quinze cents écus. Voilà tout ce que je saurais vous dire, pour cette heure, de Monsieur le Prince (2). »

(1) Voir en note, plus loin, quelles furent les prétentions de Condé.

(2) MALHERBE, III, pp. 188-192, *op. cit.*, éd. Lalanne. — Voir aussi dans SULLY, *Économies royales*, II, pp. 392-396, *op. cit.*, éd. Michaud, le chapitre CCVII : *Le Prince de Condé rentre en France. — Service qui lui est rendu par Sully. — La Reine s'oppose à ce que Sully aille au-devant du Prince. Il lui en arrache la permission et le voit avant qu'il entre à Paris. — Dispositions de la Reine à l'égard du Prince. — Il va voir Sully à l'Arsenal. — Leur conversation. — Suites de cette conversation*

Nous avons dit que le Prince, lorsqu'à Milan il apprenait la mort de Henri IV, avait été violemment ému ; mais sa femme, cette Charlotte, que le Roi avait aimée si passionnément, que ressentit-elle en sa pensée, en son cœur?

« Là-bas, dans son château de Flandres, une larme vint-elle à ses yeux? Fut-elle seulement affligée? Aucune trace n'est restée de son chagrin, si tant est qu'elle en eut. Et c'est dans ce silence plus émouvant qu'un regret, que s'achèvent les romanesques amours du héros vieillissant d'Arques, d'Ivry, de Fontaine-Française et de cette « beauté d'Aurore » — selon l'expression de Voiture — qui, demain, la réconciliation s'étant faite, donnera le jour au vainqueur de Rocroi (1) » — et aussi, ajouterons-nous, à l'une des plus pittoresques héroïnes de la Fronde, cette maîtresse platonique de Victor Cousin qui l'a racontée en deux volumes, chef-d'œuvre de style et d'aimable érudition : *la Duchesse de Longueville* (2). »

(1) Cf. Tharaud, *op. cit.*, p. 202 : *la Tragédie de Ravaillac.* — Voir sur la réconciliation et la rentrée à Paris de Charlotte de Montmorency, l' « historiette » de Tallemant des Réaux, à l'*Appendice*.

(2) *La Jeunesse de Mme de Longueville. Mme de Longueville pendant la Fronde.*

APPENDICE

Diane de France.

Galanteries des Rois de France.

Anecdotes des Reines et Régentes de France.

Monsieur le Prince Henri de Bourbon.

Madame la Princesse.

DIANE DE FRANCE [1]

Je ne veux oublier Madame Diane de France, laquelle bien qu'elle soit bâtarde et naturelle, pourtant nous la pouvons mettre au rang des filles de France, d'autant qu'elle a été avouée du feu roi Henri son père, et légitimée, et puis partagée et apanagée comme une fille de France, car elle eut le duché de Châtellerault, et puis le quitta pour être duchesse d'Angoulême dont elle retient à st'heure le nom ; et a en tous les privilèges qu'ont les filles de France, jusqu'à entrer au cabinet et aux affaires des rois ses frères, et même des rois Charles et Henri troisième, car je l'ai vue, comme si elle

(1) Dans BRANTÔME, *Vie des Dames illustres*, pp. 304-308 de l'édition Garnier. — Inutile de rappeler que le courtisan Brantôme trouve aux « belles et nobles dames » de son temps toutes les qualités, toutes les vertus même, presque, dans les « dames galantes ». Nous avons expliqué à la suite de quelle alliance, Diane de France, fille bâtarde de Henri II, était devenue la tante de Charlotte de Montmorency. Voir ce que nous avons dit à la note, p. 9 pour le style et l'orthographe du temps.

fût été leur sœur, leur sœur propre, qui l'aimaient tous de même ; aussi, avait-elle beaucoup de ressemblance du roi Henri son père, tant pour les traits du visage que pour les mœurs et actions, et aimait tous les exercices qu'il aimait, fût-ce des armes, de la chasse et des chevaux ; car je pense qu'il n'est pas possible que jamais dame ait été mieux à cheval qu'elle, ni de meilleure grâce.

J'ai ouï dire, et se lit, à aucuns anciens, que le petit roi Charles VIII étant en son royaume de Naples, Madame la princesse de Melfe, lui venant faire la révérence — *c'était le 23 mars 1494, à Porto-Réalé* — lui fit voir sa fille, belle comme un ange, montée sur un beau coursier, le mener et manier aussi bien et en toutes formes d'airs et de manèges qu'eût sut faire le meilleur écuyer de là ; dont le roi et toute sa cour en furent en très grande admiration et étonnement, pour voir une telle beauté si adrexte à cheval, sans faire aucunement tort à son sexe.

Ceux qui ont vu autrefois Mme d'Angoulême à cheval, en demeurent bien plus émerveillés et ravis, car elle y était bien née et si propre, qu'elle ressemblait du tout à cette belle Camille, reine des Volsques, et si étant très belle de visage, de corps et de taille, qu'à grande peine y en voyait-on à la cour plus riche que celle-là, et qui s'accommodait fort bien à cet exercice ; non qu'elle en fît autrement état, ni qu'elle en excédât aucunement la douceur et modestie communes, comme cette princesse de Melfe ; car elle outrepassait un peu la modestie ; en tout il la faut observer et même les femmes, sinon quand elle allait par pays, en y montrant toujours quelque gentillesse fort agréable à ceux qui la regardaient.

Je me souviens que M. le Maréchal Damville, son beau-frère (1), lui ayant, une fois, donné un fort beau cheval, qu'il avait nommé *le dottor*, d'autant qu'il se maniait de pied coy et allait en avant à Courbettes, si justement et si sagement, qu'un docteur n'eût su être plus sage en son aller ; et voilà pourquoi il se nommait ainsi ; mais j'ai vu Madame d'Angoulême le faire aller plus de trois cents pas toujours ainsi en avant, que bien souvent toute la Cour s'y amusait à la voir, de sorte qu'on ne savait que plus estimer, ou sa bonne tenue ou sa belle grâce. Et, toujours pour bailler plus beau lustre, étant fort bien accoutrée d'un fort beau

(1) Urbain de Laval de Montmorency, c'est le père de Charlotte. Damville était le nom d'une ancienne baronie dans la province d'où s'est formé le département de l'Eure.

et riche habillement de cheval, sans oublier surtout le chapeau bien garni de plumes et à la guelfe porté. Ah ! que c'est dommage lorsque la vieillesse vient à gâter ces beautés et desbaucher — détruire, faire disparaître — telles vertus ; car elle a meshuy laissé tout cela et quitté ces beaux exercices, comme elle a fait la chasse et tous autres qui lui seyaient tant ; car jamais rien ne lui fut malséant en tous ses gestes et mœurs, ainsi que le roi son père, y prenant peine et plaisir ; pour le bal, pour la danse ; elle y était fort accomplie, en quelque danse que ce fut, fut qu'elle fut grave ou gaie.

Elle chantait bien, jouait bien du luth ou d'autres instruments. Bref, elle était fille de père en cela comme elle est en bonté, car elle est fort bonne et qui ne fait point de déplaisir à personne, encore qu'elle ait le cœur haut et grand, et l'âme fort généreuse, sage et fort vertueuse et qui a fort honoré et aimé Messieurs ses maris.

En premières noces elle épousa le duc de Castro, de la Case — *Maison* — Farnèse, qui fut tué à l'assaut de Hesdin ; en secondes noces M. de Montmorency qui, au commencement, y fit difficultés, pour avoir promis à Mlle de Pienne, l'une des filles de la Reine, belle honnête fille ; mais après pour obéir au père qui fort irrité, l'en voulût déshériter, par dispense fut absous de sa parole première et l'épousa; dont il ne perdit au change encore que la dite Pienne fut d'une des grandes maisons de France et des belles, honnêtes, vertueuses et sages de la Cour ; et que Madame aimait et l'a aimée toujours sans aucune jalousie des amours passées de son mari et d'elle. Aussi, savait-elle se commander, car elle est fort spirituelle et de bon entendement. Les rois, ses frères l'ont fort aimée, et les reines et les dûchesses ses sœurs, car elle ne leur faisait honte, nullement, pour être parfaite en tout.

Le roi Charles — *Charles IX* — l'aima parce qu'elle l'accompagnait en ses chasses et autres exercices joyeux ordinairement et qu'elle était de bonne et gaie humeur.

Le roi Henri l'aimait parce qu'il connaissait qu'elle le recherchait fort et l'aimait fort. Lorsque la guerre s'émut cruelle après la mort de M. de Guise, sachant le roi son frère en nécessité, elle partit en diligence de l'Isle-Adam, non sans courir grande fortune — *danger* — étant guettée de toutes parts sur le chemin, et lui porta cinquante mille écus qu'elle avait réservés du sien, et les lui donna, qui vinrent bien à propos, et crois qu'ils lui sont encore dus, dont le roi lui en sut si bon gré que s'il

eût encore vécu, il l'eût fait grande pour avoir
éprouvé ainsi son bon naturel en son extrême
besoin. Aussi, depuis sa mort, elle n'a eu au
cœur de joie ni profité tant elle l'a regretté et
regrette, et couve de vengeance si son pouvoir
était pareil à son vouloir contre ceux qui l'ont
tué. Jamais notre roi d'aujourd'hui ne l'a pu
accorder, quelques prières à elles faites avec
Madame de Montpensier, pour la tenir coupable
de la mort du roi son frère — *Henri III* —
l'abhorrant comme la peste jusqu'à lui dire injure, une fois devant Madame *la duchesse de
Bar, sœur de Henri IV* — la sœur du roi, et lui
dire qu'elle ni le roi n'avaient nul sujet honnête
de l'aimer, sinon qu'elle était cause, par ce
meurtre du feu roi. Qu'ils tenaient le rang qu'ils
tenaient. Qu'elle chasse (1) !...

(1) Catherine-Marguerite de Lorraine, duchesse de Montpensier. Née en 1552, mariée en 1570 à Louis II de Montpensier, était la sœur de Henri de Guise, *le Balafré*, dont elle
aurait vengé la mort en provoquant, en 1589, l'assassinat de
Henri III. C'est en 1596 qu'elle mourut s'étant réconciliée
avec Henri IV. Sa fille épousait Gaston, frère de Louis XIII.
De ce mariage naquirent un fils, mort à deux ans, et
quatre filles : Mlles d'Orléans, d'Alençon, de Valois et de
Chartres. De son premier mariage avec Marie de Bourbon
naissait Anne-Marie-Louise, appelée d'abord *Mademoiselle* et
plus tard — elle est restée célèbre sous ce nom — LA
GRANDE MADEMOISELLE.

Tallemant raconte : « Le jour que Henri IV entra dans
Paris il put voir sa tante de Montpensier et lui demanda

des confitures. « Je crois, lui dit-elle, que vous dites cela
« pour vous moquer de moi. Vous pensez que nous n'en
« avons plus. — Non, répondit-il, c'est que j'ai faim.» Elle fit
apporter un pot d'abricots et, en prenant, elle en voulait faire
l'essai ; il l'arrêta et lui dit : « Ma tante, vous n'y pensez pas.
« — Comment ! reprit-elle, n'en ai-je pas fait assez pour vous
« être suspecte ? — Vous ne me l'êtes point, ma tante. — Ah !
« répliqua-t-elle, il faut être votre servante. » Et, effectivement, elle le servit depuis avec beaucoup d'affection. »
TALLEMANT DES RÉAUX, *op. cit.*, I, 93.

HENRI IV

d'après une gravure italienne (Portrait inédit).

(Bibliothèque Nationale)

LES GALANTERIES DES ROIS DE FRANCE

(T. III, *op. cit.*, pp. 65-92) (1).

...Le duc de Bouillon, beau-frère du Connétable trouva mauvais qu'on eût traité ce mariage sans sa participation et résolut de le
traverser. Un jour que le Roi avait vu Mlle de
Montmorency chez la Reine, et qu'il vantait
sa beauté avec beaucoup d'empressement, le
duc le tirait à l'écart et lui disait qu'il s'éton-
nait qu'il eût donné son consentement pour le
mariage de cette fille avec Bassompierre,
puisqu'il n'y avait point d'autre parti pour le
Prince de Condé, son neveu, qu'elle ou Mlle du

(1) Dans *les Galanteries des Rois de France*, par VANEL, comme
aussi dans les *Anecdotes des Reines et Régents de France*,
par DREUX DU RADIER, dont nous reproduisons des passages,
aussitôt après le chapitre : Charlotte-Marguerite de Montmorency, l'histoire, sauf quelques détails un peu fantaisistes,
est serrée de très près. Dans ces Appendices nous n'avons
pas cru devoir donner certaines explications, comme références : elles auraient fait double emploi avec les notes
déjà données au cours de notre récit : notes qu'il suffira
de se rappeler pour, de soi-même, relever certaines con-
tradictions.

Maine et que la politique ne voulant pas qu'il permît que le Chef de la Ligue augmentât par une alliance son crédit, qui n'était déjà que trop grand, il était presque obligé de donner Mlle de Montmorency au Prince de Condé. Le Roi écouta ce raisonnement sans y répondre ; mais, le lendemain, étant allé voir répéter un ballet qu'on devait danser au Louvre, Belle-garde (1) lui vanta tellement les charmes de

(1) Roger de Saint-Lary, duc de Bellegarde, grand écuyer de France, — M. Le Grand — né vers 1563, mort en 1646, le 13 juillet. Son *Historiette* dans TALLEMANT DES RÉAUX est bien amusante, nous y renvoyons le lecteur. Toutefois extrayons-en ce passage :

« ...On a cru trois choses de lui, qui n'étaient point : la première, que c'était un poltron ; la seconde, qu'il était fort galant ; la troisième, qu'il était fort libéral. A la vérité, il ne recherchait pas le péril mais ne manquait nullement de cœur. Il avait le port agréable, était fort bien fait et riait de fort bonne grâce. Son abord plaisait ; mais hors quelques petites choses, qu'il disait assez bien, tout le reste n'était rien qui vaille. Ses gens étaient toujours déchirés, et hors que ce fut pour quelque entrée, ou pour quelque autre chose semblable, il n'eût pas voulu faire un sou de dépense ; mais dans les occasions d'éclat la vanité l'emportait. Il n'était point trop bel homme de cheval, à moins d'être armé, car cela le faisait tenir plus droit. Il était grand et fort et portait fort bien ses armes. Je n'ai que faire de dire que sa beauté lui servit fort à faire sa fortune auprès de Henri III. On sait ce que dit un courtisan de ce temps-là, à qui l'on reprochait qu'il ne s'avançait pas comme Bellegarde. « Hé ! dit-il, il n'a garde qu'il ne s'avance ; on ne « le pousse assez par derrière ! » Il avait la voix belle et chantait bien... Jamais il n'y eut un homme plus propre ; il était de même pour les paroles. Il ne pouvait entendre nom-

cette fille, qu'il lui fit prendre la résolution
d'en entreprendre la conquête. Et, comme pour
y réussir, il fallait qu'elle épousât un homme
qu'elle n'aimât pas, il voulut s'éclaircir des sentiments qu'elle avait pour Bassompierre.

L'occasion s'en offrit peu de jours après ;
car ayant été obligé de garder le lit pour
quelque accident de goutte, il fut visité par
Mme d'Angoulême et par sa nièce ; et, pendant
que M. le comte de Grammont entretenait la
duchesse, il entrait en conversation avec Mlle de
Montmorency et lui dit qu'il la voulait aimer
comme sa fille, qu'il la ferait loger au Louvre
durant l'exercice de l'année de Bassompierre,
et la pria de lui avouer franchement si ce parti
lui serait agréable, parce qu'autrement il saurait bien rompre ce mariage et même la faire

mer un pet. Une nuit, il eut une forte colique venteuse. Il
appela ses gens et se mit à se promener, et en se prome-
nant, il pétait. Yvrande, garçon d'esprit, qui était à lui, y
vint comme les autres, mais il se cacha. M. de Bellegarde
l'apercevait, à la fin. « Ah ! lui dit-il vous voilà ! y a-t-il
« longtemps que vous y êtes ? — Dès le premier, Monsieur,
« dès le premier ! » M. de Bellegarde se mit à rire, ce qui
achevait sa guérison... Malgré toute sa grande propreté,
M. de Bellegarde avait la roupie au nez ; avec le temps
cette incommodité augmenta... Nous avons vu revenir M. de
Bellegarde à la Cour, après la mort du cardinal de Richelieu, qui l'avait fait exiler à Saint-Fargeau, où il demeura
huit ou neuf ans, et il a porté le deuil de ce prince qui ne
pouvait souffrir sa roupie...» TALLEMANT DES RÉAUX, *op. cit.*,
I, pp. 108-117.

épouser au Prince de Condé, son neveu.
Mlle de Montmorency qui ne pénétrait point le
dessein du Roi, lui répondit ingénument que
puisque c'était la volonté de son père, elle
s'estimerait bien avec ce marquis. Henri IV
feignit d'en être bien aise; mais il résolut en
lui-même de lui donner un autre époux.

Il envoya le lendemain chercher Bassompierre de bonne heure et, après lui avoir fait
mille caresses, lui dit qu'il avait songé à le
marier. Le marquis, ignorant les intentions,
lui répondit que sans la goutte du Connétable son mariage serait déjà achevé. « Ce n'est
pas ce que je veux dire, reprit le Roi, je pré-
tends vous marier avec Mlle d'Aumale et, en
considération de ce mariage, faire revivre le duché d'Aumale en sa personne. » Bassompierre,
l'interrompant, lui demanda s'il voulait lui
donner deux femmes. « Il faut, repartit le Roi,
que je te parle en ami; je suis devenu amoureux de Mlle de Montmorency, si tu l'épouses
et qu'elle t'aime je te haïrai, et si elle m'aimait
tu me haïrais. Il vaut mieux éviter une occasion qui peut rompre notre intelligence; j'ai de
l'inclination pour toi et je me sentirais un
grand combat si je me voyais contraint de
t'ôter mon amitié. Je suis résolu de marier
cette fille avec le Prince de Condé, pour l'ar-

rêter dans ma famille. Elle sera la consolation
de ma vieillesse, et je donnerai à mon neveu,
qui est jeune et qui aime la chasse, beaucoup
plus que les dames, cent mille francs par an
pour se divertir, sans exiger autre chose de
celle que je lui donne pour femme, qu'une
affection innocente. » Bassompierre qui vit bien
qu'il ne ferait qu'augmenter la passion du Roi
en la combattant, résolut de lui céder de bonne
grâce un bien qu'il ne pouvait conserver malgré lui. « Il y a longtemps, lui dit-il, Sire, que
je souhaitais de trouver une occasion de témoigner à Votre Majesté la forte inclination
que j'eus toute ma vie pour son service. En
voici une telle que je la pouvais désirer, puisque le sacrifice que je vais lui faire est le plus
grand dont un homme puisse être capable.
Je renonce en même temps, pour l'amour de
Votre Majesté, à une haute alliance et à une
femme tout aimable, pour qui j'ai un amour
dont je ne puis bien exprimer l'ardeur et la
force ; cependant je lui immole tous ces avan
tages sans peine et sans regret, et je souhaite
que cette nouvelle intrigue lui apporte autant
de joie que la perte de mes espérances lui
causera de tristesse si je les cédais à tout autre
qu'à mon Maître ; un Maître dont j'aime autant
les vertus que j'en respecte le sang. » Ces pa-

roles attendrirent tellement le Roi qu'il ne pût s'empêcher de pleurer. Il embrassa Bassompierre, lui promit d'avoir soin de sa fortune. Il lui parlait encore de son mariage avec Mlle d'Aumale; mais Bassompierre le pria de se contenter de lui ôter une personne qu'il aimait sans lui en faire épouser une autre qu'il n'aimait pas.

L'après-dînée le Roi s'étant mis à jouer à trois dés dans son lit avec Bassompierre et d'autres courtisans, et Mme d'Angoulême arrivant avec sa nièce, il fit passer cette Duchesse dans la ruelle et l'entretint quelque temps en particulier. Pendant que Mlle de Montmorency qui n'avait aucune connaissance du changement arrivé en sa fortune, parlait au Marquis, le Roi lui fit signe d'approcher, et après qu'il l'eut informé de ses intentions il continua sa conversation avec la Duchesse; sa nièce en se retirant, haussa les épaules pour marquer à Bassompierre son étonnement.

Quoique le geste de Mlle de Montmorency n'eût rien appris au nouveau Marquis, il ne laissa pas que d'être pénétré de douleur en recevant cette communication de son infortune. Il ne put continuer le jeu et sortit de la chambre du Roi feignant de saigner du nez. Les valets de chambre lui apportèrent sur l'es-

calier son manteau et son chapeau ; et Berni-
ghem serra son argent qu'il avait laissé à
l'abandon sur la table qu'on avait mise pour
les joueurs dans la ruelle du lit de Sa Majesté.
Cet amant désespéré monta dans le carrosse
du duc d'Epernon, qu'il trouva dans la cour,
n'ayant pas eu la force de gagner le sien, et se
fit mener chez lui où il demeura deux jours,
enfermé sans se laisser voir à personne.

Lorsqu'il revint à la Cour, le Prince de
Condé, qui avait fait la demande de Mlle de
Montmorency, dans les formes, le pria de
l'accompagner dans la première visite qu'il
devait faire à sa maîtresse ; quoique le marquis
fût un peu revenu de son affection et que,
pour se faire un amusement, il eût renoué avec
Mlle d'Entragues (1) qu'il avait trouvée chez
Mme de Sauteny, il n'aurait pu, sans l'exprès
commandement du Roi, se soumettre à une
complaisance qui devait mettre son cœur à la
plus rigoureuse épreuve où un amant puisse
s'exposer. Les fiançailles se firent dans la
galerie du Louvre où le Roi eut la malice de
s'appuyer sur l'épaule de Bassompierre et de
le faire demeurer auprès des fiancés tant que
la cérémonie dura. Cet amant malheureux ne

(1) Sœur de la marquise de Verneuil, la maîtresse alors
« en titre » de Henri IV.

put résister à tant d'assauts, le désespoir où cette cérémonie fatale l'avait réduit lui causait une fièvre dont il pensa mourir.

Quand il fut guéri, la fortune qui prenait plaisir à le persécuter lui suscitait une autre aventure qui, quoique de moins de conséquence, ne laissa pas de lui faire de la peine. Camille Simoni, écuyer de la Reine, était logé dans une petite rue vis-à-vis la porte de la Monnaie, et tout proche de la maison de Mlle d'Entragues, et il trouva, un soir en se retirant, un jeune homme couché avec son hôtesse qu'il aimait. Il appela ses gens qui donnèrent plusieurs coups d'épée à son rival, hors de la maison, nu en chemise. Il était si blessé qu'après avoir marché cinquante pas il alla mourir sous les fenêtres de Mlle d'Entragues. Un homme qui avait quelque connaissance de l'intrigue de Bassompierre vint à passer dans ce moment, et prenant le mort pour lui, frappa à la porte de son hôtel. Il appela les gens et leur dit de venir porter quelques secours à leur maître, s'il était en état d'en recevoir, ou de l'emporter s'il avait perdu la vie.

Les domestiques du Marquis n'eurent aucune peine à croire la méchante nouvelle qu'on venait de leur annoncer parce que leur maître était sorti déguisé à l'entrée de la nuit, pour aller en bonne fortune, comme il lui arrivait assez souvent. Ils coururent inconsidérément au lieu où était ce corps qu'ils prirent pour celui de Bassompierre; les plus zélés se jetèrent dessus et, tous ensemble l'emportèrent dans la maison de leur maître. Néanmoins, après qu'on eut fait venir les flambeaux, ils s'aperçurent de leur erreur et reportèrent ce cadavre chez un chirurgien où la Justice s'en saisit. Cependant, le bruit de cet accident s'était répandu dans la ville et donnait lieu à de méchantes plaisanteries qui rejaillirent sur Mlle d'Entragues.

Ce nouvel embarras empêcha que le marquis ne ressentît dans toute son étendue l'affliction que lui devait causer le mariage du prince de Condé qui se célébrait à Chantilly. Le roi voulut faire épouser à Bassompierre Mlle de Chemilli, qu'il venait de démarier d'avec le duc de Montmorency, et, ériger en sa faveur, la terre de Beaupréaux en duché-pairie ; mais le marquis n'avait pas le cœur assez libre pour songer à nouvel engagement.

Le Roi, en mariant Mlle de Montmorency avec le prince de Condé, qu'elle n'aimait pas, avait cru trouver plus de facilité dans la poursuite de ses amours; mais, elles avaient fait

tant d'éclats que le jeune prince crut n'en
poùvoir subir la continuation sans se rendre
la fable de la Cour; il résolut, pour rompre ce
commerce, de partir secrètement de Fontainebleau, où la Cour était alors, et se retirer dans
les Pays-Bas ; et, disposant toutes choses pour
sa retraite, il montait un matin à cheval avec
Rochefort, Tourai, un écuyer, qui prit Mme la
Princesse en croupe, Mlle de Certeaux, et une
femme de chambre nommée Filipette. Il alla
coucher à Muret et de là continuait son voyage
jusqu'à Landrecies. Le Roi jouait dans son petit cabinet quand d'Elbeuf lui vint annoncer
cette nouvelle qui lui fut confirmée un moment
après par le chevalier du guet. Ce Prince dit
à Bassompierre, qui se trouva le plus proche
de lui, avec un transport qu'il serait difficile
d'exprimer : « Mon cher ami, je suis perdu, cet
homme emmène sa femme dans un bois ; je ne
sais si c'est pour la tuer, ou pour la faire sortir de France, prends garde à mon argent et
entretiens le jeu pendant que j'irai m'éclaircir
des particularités de cet enlèvement. » En ache-
vant ces mots il monta dans une autre chambre
et fit signe au marquis de Cœuvres, au comte
de Cramail et d'Elbeuf et à Loménie de le
suivre, et leur demandant leur avis en tumulte,
il y donnait tête baissée, à la première ouver-

ture qu'on lui faisait et commandait à Loménie d'en faire l'expédition ; mais, un moment après, en connaissant l'impossibilité, il changeait de sentiment. L'un lui conseillait d'envoyer M. le chevalier du guet avec ses archers sur les traces de M. le Prince, pour l'arrêter ; l'autre, de donner cette commission à Balagny et à Bouvin ; le troisième, d'ordonner à Vaubecourt, qui était alors à Paris. de se rendre incessamment sur la frontière de Lorraine, pour empêcher son passage.

Lorsque le Roi eut connu le peu de solidité de tous ces avis il manda ses principaux ministres pour entendre leurs sentiments sur une matière où son cœur prenait tant de part (1). Le chancelier arriva le premier et, après que Sa Majesté lui eut exposé le fait, il répondit avec une gravité digne de son caractère ; que le prince de Condé ne prenait pas le bon chemin, qu'il eût été à désirer qu'on l'eût mieux conseillé, et qu'il devait avoir modéré son ardeur. Le Roi, que ce discours impatien-

(1) Pomponne de Bellièvre. Était en 1575 surintendant des finances, avait été chargé de demander à la reine Élisabeth d'Angleterre la liberté de Marie Stuart et de porter au duc de Guise l'ordre de ne pas entrer dans Paris. Exilé parce qu'il s'était mal acquitté de sa mission. Puis il rentrait en grâce. Fut un des principaux négociateurs de la paix de Vervins. Chancelier en 1599.

tait, l'interrompit et lui dit en colère : « Ce n'est pas ce que je vous demande, Monsieur le chancelier, c'est votre avis. » Alors ce ministre, reprenant la parole, avec la même froideur : « Soit, ajoutait-il, j'estime donc qu'il faut faire de bonnes et fortes déclarations contre lui et contre tous ceux qui le suivront et lui prêteront quelques secours. »

Pendant que le chancelier parlait ainsi, Villeroy (1) entra, et le Roi que ce flegme commençait d'importuner, s'adressait à celui-ci, et, après lui avoir en peu de mots expliqué ce dont il s'agissait lui demanda son sentiment. Villeroy, après avoir par deux fois haussé les épaules pour témoigner son étonnement, répondit qu'il fallait dépêcher des courriers à tous les Ambassadeurs de Sa Majesté vers les princes étrangers pour leur donner avis du départ de M. le Prince sans la permission du Roi, et même contre sa défense, pour leur faire

---

(1) Villeroi (Nicolas de Neufville) avait été l'un des plus actifs conseillers de Mayenne contre qui combattait Henri IV, avait même fait reconnaître comme roi le cardinal de Bourbon. Puis, comme tant d'autres, se ralliait si bien qu'il négociait avec Clément VII l'absolution du Roi. Il fut le grand entremetteur du mariage avec Marie de Médicis. Henri IV en avait fait son ministre des Affaires étrangères. Jamais Villeroi ne put s'accorder avec Sully à la disgrâce duquel il contribua fortement, après la mort de Henri IV.

faire les offices nécessaires dans les Cours où
ils résidaient, et leur ordonner de représenter
aux Souverains à qui ils étaient envoyés qu'ils
ne devaient pas recevoir ce Prince dans leurs
États, et, au contraire le renvoyer à Sa Majesté. Après qu'il eut cessé de parler, le Roi se
tourna vers le président Jeannin, qui était
venu avec lui et lui fit signe de dire son avis,
ce qu'il fit sans hésiter : « Sire, dit-il, j'estime
qu'il n'y a point d'autre parti à prendre que
d'envoyer après lui un des capitaines des
Gardes du corps de Votre Majesté pour tâ-
cher de le ramener, avec ordre, en cas qu'il
n'en puisse venir à bout, d'aller trouver le
Prince dans les États duquel il se serait retiré
et le menacer de lui faire la guerre s'il refuse
de remettre ce Prince entre les mains de Votre
Majesté. Selon moi, son départ n'a pas été prémédité, et il n'a fait, aucun office précédent pour
être reçu et protégé. Il aura pris, apparemment,
la route des Pays-Bas et, l'Archiduc qui ne le
connaît point, qui n'a point d'ordre exprès d'Espagne pour le retenir et qui craint Votre Majesté, autant qu'il l'honore, ne voudra pas, pour
l'amour de lui, s'attirer les dangereux effets de
la colère du plus grand monarque de l'Europe
et obligera ce Prince à sortir de ses États, ou le
remettra entre les mains de Votre Majesté. »

Le Roi goûta cet expédient; mais il ne voulut pas s'y déterminer entièrement qu'il n'eût pris l'avis du duc de Sully, qui n'arriva que longtemps après les autres, avec un air brusque et une mine renfrognée. Le Roi s'avança vers lui et lui dit : « Monsieur de Sully, mon neveu est parti et a emmené sa femme. — Sire, repartit ce ministre, je ne m'en étonne pas et l'avais prévu ; et je vous avais dit, il y a long-temps, qu'il ferait cette folie ! Si vous aviez cru le conseil que je vous donnais lorsqu'il allait à Muret, vous l'auriez mis à la Bastille, où vous le trouveriez à présent, et je l'aurais bien gardé. — C'est une affaire faite, répondit le Roi, il n'en faut plus parler; mais que dois-je faire, cependant ? Donnez-moi votre avis. — Parbleu ! je ne sais, répliqua le duc; mais laissez-moi retourner à l'Arsenal, où je souperai; je me coucherai et je songerai pendant la nuit à quelque expédient dont je vous entretiendrai demain au matin. — Non, poursuivit le Roi, je veux que vous me disiez tout à l'heure votre pensée. — Il y faut donc rêver, repartit Sully; » et, en même temps il se tournait vers la fenêtre qui regardait dans la cour. Après avoir badiné quelque temps avec ses doigts, comme s'il eût joué du tambour, il retourna vers le Roi qui lui demanda s'il y avait songé, et ce qu'il fallait faire : « Rien, répondit le duc. — Comment? rien, reprit le Roi surpris. — Oui, rien du tout, ajouta Sully. Si vous ne faites rien et témoignez par cette conduite ne vous soucier pas du Prince de Condé et le mépriser, personne ne l'assistera, pas même ses plus chers amis, ni les plus zélés des officiers qu'il a laissés ici, et, dans trois mois, pressé de la nécessité, fatigué des railleries qu'on fera de lui, il reviendra implorer votre clémence. Si, au contraire, vous marquez de l'empressement de le rappeller, vous le mettrez, par là, en considération; il sera secouru d'argent par plusieurs personnes de votre Cour, et il s'en trouvera qui le protégeront dans la vue de vous donner du chagrin, qui l'auraient abandonné s'ils avaient été persuadés que vous ne vous en fussiez pas soucié. » Le Roi qui avait l'âme trop agitée pour goûter un avis si judicieux s'arrêtait à celui du Président Jeannin qui, étant plus brusque, flattait davantage sa passion, et dépêcha, le lendemain, le marquis de Praslin, tant vers M. le Prince que vers l'Archiduc.

Ce marquis ne put joindre le Prince de Condé et se rendit à Marimont auprès de l'Archiduc à qui il fit demander incontinent audience; et y alla avec l'ambassadeur ordinaire.

A ce Prince il représenta que Henri de Bourbon, Prince de Condé, prenait prétexte sur sa femme pour déguiser le dessein d'exciter des troubles en France et le priait au nom du Roi son maître, de le faire arrêter ! L'archiduc répondit qu'il croyait avoir assez fait de n'avoir pas reçu ce Prince, mais qu'il n'avait pas pu lui refuser passage, et qu'il ne tiendrait pas à ses Offices qu'il ne s'en retournât en France, souhaitant avec passion la satisfaction particulière du Roi et la tranquillité de son royaume.

Il est vrai que le Prince de Condé n'était pas resté dans les Pays-Bas ; il avait passé jusqu'à Cologne et avait laissé la Princesse sa femme, à Breda, auprès de la Princesse d'Orange, sa sœur, qui l'avait menée ensuite à Bruxelles, où le Prince, son mari, se rendait ensuite. L'Archiduc y alla avec l'Infante pour recevoir ces dames et leur rendit visite aussitôt qu'ils furent arrivées. Le marquis de Spinola général des troupes espagnoles, qui était aussi dans la même ville, se plaignit à l'Archiduc de ce qu'il avait refusé de donner asile au Prince de Condé et le persécuta tellement qu'il l'obligeait à envoyer un gentilhomme à ce Prince, pour l'inviter à revenir. Spinola lui écrivit aussi par le même courrier et lui fit écrire par l'Ambassadeur d'Espagne. Il est vrai que

HENRI IV ET LA FAMILLE ROYALE
par Le Clerc.

(Bibliothèque Nationale)

l'Archiduc n'agissait pas avec le même esprit
que les Ministres de cette couronne, et qu'il
souhaitait autant l'accommodement qu'ils dé-
siraient la rupture; mais bientôt après il n'en
fut plus le maître parce que le Roi catholique
envoya ses ordres par lesquels il déclarait qu'il
envoyait sa protection au Prince de Condé.
Cette déclaration lui enfla tellement le courage
qu'il ne songea plus qu'à justifier sa sortie
hors du Royaume, en publiant des faits dont
la plupart étaient supposés.

Comme le Roi n'avait donné aucun ordre à
Praslin pour entrer en négociations avec son
neveu, lorsqu'il apprit qu'il était de retour à
Bruxelles, il y envoya le marquis de Cœuvres,
en qualité d'Ambassadeur extraordinaire; dès
que ce Marquis fut arrivé, il pressa l'Archiduc
de remettre la Princesse de Condé entre les
mains du Connétable son père, ou de la duchesse d'Angoulême, sa tante. Mais ce Prince
lui déclara qu'il ne disposerait jamais de sa
personne que du consentement de son mari.
Cœuvres voyant que sa négociation prenait un
aussi mauvais train songea à enlever la Princesse.

Il y avait quelque froideur entre elle et le
Prince de Condé, soit qu'elle y fût portée par
une antipathie naturelle, ou par le chagrin de

se voir éloignée de la Cour de France ; et les Français avaient pris soin d'entretenir cette aigreur pour faire réussir les desseins du Roi. Le marquis de Cœuvres, averti de la disposition de son esprit, tâcha de lui persuader de se laisser enlever ; elle demeura longtemps, irrésolue sur la réponse qu'elle devait lui rendre. D'un côté elle n'était pas contente du Prince, son époux, elle se voyait à regret sous la tyrannie des Espagnols. La Cour de l'Archiduc ne lui plaisait pas, n'y voyant rien qui approchât de la magnificence de celle de France ; et elle souhaitait avec passion d'être auprès de son père et de sa tante qui, de leur part, lui témoignaient le même empressement par leurs lettres. Mais, d'un autre côté, elle n'osait abandonner son mari pour se mettre entre les mains d'une personne qui n'était attachée à ses intérêts par aucune liaison ; et elle craignait également, de retomber entre les mains d'un époux irrité et de donner lieu à la médisance de blâmer sa conduite. Néanmoins, après avoir été longtemps agitée de ces différentes pensées, le désir de revoir sa famille et de retourner en France l'emporta sur toute autre considération.

Le dessein de Cœuvres était de l'enlever une nuit de Bruxelles, et de faire pendant les ténèbres une si longue traite que, quand leur fuite serait découverte il fût impossible de les joindre ; mais pour y réussir il fallait prendre beaucoup de mesures, escalader ou percer les murailles de la ville, avoir des chevaux tout prêts sur les remparts, et des relais en plusieurs endroits : avec des cavaliers pour s'opposer à ceux qui voudraient les arrêter.

Comme à l'exécution de ce projet il fallait employer plusieurs personnes, on ne put si bien garder le secret qu'il n'en vînt quelques lumières aux personnes intéressées. Le premier averti fut le comte de Buquoy, Grand Maître de l'Artillerie des Flandres qui en porta la nouvelle à l'Archiduc et à Spinola. On tint incontinent conseil où il fut résolu que, sous quelque prétexte, on ferait loger la Princesse dans le palais de l'Archiduc et l'Infante. On le proposait au Prince de Condé sans lui en découvrir le mystère et on lui insinua qu'étant en froideur avec sa femme, il devait souhaiter de s'en séparer pour lui donner le temps de revenir à son chagrin. Ce Prince y accéda sans peine, sur l'assurance que lui donnèrent l'Archiduc et l'Infante de ne la laisser sortir de leurs mains sans son consentement. La Princesse et Cœuvres n'osèrent s'y opposer, n'ayant aucun prétexte apparent pour s'en défendre ;

outre qu'ils espéraient exécuter ce dessein avant le changement de maison. Cependant, comme on ne put ajuster toutes les mesures durant le temps que la Princesse devait rester dans l'hôtel du Prince d'Orange, on jugeait à propos, pour gagner encore trois ou quatre jours, de faire prier Spinola par cette même Princesse, dont il feignit d'être amoureux, de lui donner le bal dans sa maison ; mais ce rusé Génois qui connût l'artifice, s'en défendit adroitement. De Cœuvres ne se rebuta point pour ce fâcheux contre-temps et résolut d'enlever la Princesse, la nuit du samedi 13 février 1610 ; pour ce que le lendemain, dimanche, elle devait entrer au Palais. Elle dit qu'elle était malade de peur que son époux ne couchât avec elle, quoique cela lui arrivât rarement, et l'empêcha de se dérober.

L'Archiduc, qui était averti de tout ce qui se passait, par Buquoy, en fit donner avis par Spinola, au Prince de Condé, à qui on n'en avait rien découvert jusque-là, de peur qu'il ne fît un éclat inutile ; et il fut résolu qu'on prierait l'Archiduc de faire garder pendant la nuit la maison du Prince d'Orange, par quelques-uns de ses gardes à cheval. Condé fut si alarmé de tout ce que lui avait dit Spinola, que ne pouvant garder le secret, après avoir pris des

mesures suffisantes pour rompre l'entreprise,
il s'emportait à des plaintes frivoles. Pour de
Cœuvres, il désavoua tout, parce qu'il n'avait
encore fait aucune démarche pour laquelle il
pût être convaincu et, comme il n'avait plus
rien à faire, il dépêcha un courrier au Roi
pour recevoir de nouveaux ordres sur ce changement imprévu.

Le Roi voyant que l'artifice ne lui avait pas
réussi, résolut d'employer la force pour retirer
la Princesse de Condé des mains de l'Archiduc et de déclarer la guerre au roi catholique. Il fit, pour cet effet, sonder Jacques VI
qui, après la mort de la Reine Elisabeth avait
réuni en sa personne, les Royaumes d'Angleterre, d'Écosse et d'Irlande, et essaya de
l'obliger à rompre avec les Espagnols... Mais
la fin tragique de Henri IV rompit tous ces
vastes desseins.

ANECDOTES
DES REINES ET RÉGENTES DE FRANCE

(T. IV, *op. cit.*, pp. 304-320.)

Charlotte-Marguerite de Montmorency qui devint Princesse de Condé fit naître sur la fin de 1608 la passion la plus vive qu'ait jamais eue le Roi ; à en juger par les effets et par le trouble où elle le jeta. Elle avait à peine quinze ans lorsqu'elle parut à la Cour. On n'y avait jamais rien vu de plus beau ; et, quoique le siècle des Valois eût peut-être été le plus fécond en beautés, les vieux et les jeunes courtisans avouaient que Mlle de Montmorency surpassait, toutes celles qui avaient brillé avec le plus d'éclat. La blancheur de son teint était admirable ; ses yeux vifs et pleins de tendresse, en inspiraient au plus indifférent ; point de traits dans son visage qui ne fussent formés par les Grâces ; le son de sa voix, son maintien, ses moindres actions avaient un charme qu'on ne pouvait se défendre d'admirer, et l'éloge était un tribut qu'on payait d'autant plus naturellement à son mérite, qu'il était sans artifice. La nature, qui avait tout fait pour elle, la dispensait d'avoir recours aux ressources de l'art même les plus innocentes. Tel était le portrait que fait de Mlle de Montmorency un historien très fidèle et qui l'avait vue (1).

Le plus grand poète de son temps, Malherbe, le fit par ordre du Roi (2). Le Connétable de Montmorency, son père, après avoir jeté les yeux sur le célèbre Bassompierre, lequel, outre une naissance illustre et de grands biens, beaucoup d'esprit et la plus belle figure du monde, était dans la première faveur auprès du Roi, duquel il était sincèrement aimé. Il lui avait, lui-même, proposé sa fille qui était un des partis les plus considérables de France, après les Princesses du sang, et le mariage était conclu. On peut voir de quelle manière s'en explique Bassompierre lui-même qui rapporte toutes les circonstances et des offres et

(1) Cardinal Bentivoglio, dans *op. cit.*
(2) Ici sont cités les vers de Malherbe :

A quelles roses ne fait honte
De son teint la vive fraîcheur.

Mais nous avons vu que ces vers étaient pour Mme d'Auchy, la *Caliste* des poésies de Malherbe. Voir Tallemant des Réaux, *op. cit.*, II, 1-9 : *la Vicomtesse d'Auchy.*

de la conclusion de ce mariage (1). Mais la faute qu'il faisait de n'en point parler à M. de Bouillon, neveu du Connétable et cousin germain de Mlle de Montmorency fut en partie cause de l'inexécution du traité. M. de Bouillon en parlait au Roi et lui proposant le mariage de la demoiselle avec le Prince de Condé, faisait faire à ce Prince des réflexions qui éloignèrent la conclusion. Une circonstance encore plus critique acheva de tout perdre. La Reine s'occupait d'un ballet que l'on voulait danser pendant le Carnaval. C'était le ballet des nymphes. Le Roi se trouva à la répétition qui s'en fit dans la grande salle du Louvre. Mlle de Montmorency dansa avec des grâces surprenantes. Elle avait un dard à la main (2) et jamais celui de l'Amour ne fit plus d'effet.

M. le Grand (3), dit Bassompierre, selon sa coutume de faire des admirations des choses nouvelles et, particulièrement de Mlle de Montmorency, qui était digne de toute admiration, inspira dans l'esprit du Roi, aisé à aimer l'amour qui, depuis, lui fit faire tant d'extra-

(1) Nous avons rapporté tout ce passage des *Mémoires* de BASSOMPIERRE,

(2) De même qu'aussi nous avons parlé du Ballet, d'après Tallemant.

(3) Nous avons dit qu'il se nommait Bellegarde, et sur lui, donnions quelques détails.

vagances. La goutte prit au Roi. Le Connétable
en fut aussi attaqué ; et M. de Bouillon déterminé à empêcher le mariage de Bassompierre,
se servit de toutes ces circonstances. Il parlait
au Connétable de la part du prince de Condé
qui fut refusé. Mais le Roi qui vit Mlle de
Montmorency avec Mme d'Angoulême, sa
tante, proposa lui-même ce mariage en lui demandant si celui qui était sur le tapis avec
Bassompierre lui agréait. La question n'avait
d'autre but que de pénétrer si Mlle de Montmorency aimait Bassompierre ; et si elle suivait
en l'épousant, son inclination ou son devoir.

Mlle de Montmorency était trop jeune pour
pénétrer le piège qu'on lui tendait. Elle suivit
les sentiments de son cœur dans sa réponse
et dit au Roi qu'elle s'estimerait toujours heureuse en obéissant à son père et que c'était
là qu'elle bornait son ambition. On ne pouvait
s'exprimer plus favorablement en faveur de
Bassompierre. Le Roi avoua depuis que cette
parole l'avait déterminé à résoudre son mariage. Dans son projet d'aimer et d'être aimé,
il craignit qu'un mari trop goûté ne fût son
obstacle à sa tendresse. Dès le lendemain matin, il envoya chercher Bassompierre et lui dit
qu'il avait pensé à lui faire un établissement
solide à la Cour, en lui faisant épouser

Mlle d'Aumale et en renouvelant le duché en sa personne. « Eh ! quoi, Sire, me voulez-vous donner deux femmes ? Et les termes où je suis avec Mlle de Montmorency ? — Ah ! répliqua le Roi en soupirant, Bassompierre, je veux te parler en ami. Je suis devenu non seulement amoureux, mais furieux et outré de Mlle de Montmorency. Si tu l'épouses et qu'elle t'aime, je te haïrais ; si elle m'aime, tu me haïrais. Il vaut mieux que cela ne soit point cause de rompre notre bonne intelligence ; car je t'aime d'affection et d'inclination. Je suis résolu de la marier à mon neveu, le prince de Condé, et de la tenir près de ma famille. Ce sera la consolation et l'entretien de la vieillesse où je vais entrer. Je donnerai à mon neveu, qui aime mieux mille fois la chasse que les dames, cent mille livres par an pour passer son temps, et je ne veux d'autre grâce d'elle que son affection, sans rien prétendre davantage (1). »

Bassompierre, étourdi du coup, céda de bonne grâce ce qu'il n'eût pu raisonnablement contester à son maître. Le Roi enchanté de la complaisance de Bassompierre l'embrassa et

______

(1) Se rappeler les *Mémoires* de BASSOMPIERRE, et les *Galanteries des rois de France* déjà cités. En somme, Vanel et Dreux du Radier s'appuient sur Bassompierre.

pleura de joie. Il ne fit pas ce sacrifice sans
que son cœur en saignât; mais enfin il le fit.
Quelques jours après, le mariage du prince de
Condé avec Mlle de Montmorency fut declaré
à la Cour.

Les premiers jours d'un mariage si important se passèrent dans les fêtes ordinaires, en
festins, en ballets, en courses de bagues. Bassompierre qui était tombé malade de chagrin
chercha à se consoler de sa perte; et le Roi
devint de jour en jour plus passionné pour la
princesse. Il essaya vainement de dissimuler
ses sentiments. Il n'y était pas accoutumé et
ils étaient trop vifs. Le prince de Condé en
craignit les suites et pour les écarter il emmena la princesse à Saint-Valéry et l'éloigna
tellement de la Cour qu'elle n'y parut bientôt presque plus. Le Roi prit d'abord des prétextes pour engager le prince à faire revenir
son épouse; il se déguisa même et courut avec
quelques chevaux pour la voir à un rendez-
vous où elle devait se trouver. Les menaces
suivirent les ordres. Condé promit de les exécuter. La princesse était à Muret : il y alla,
mais ce ne fut pas pour la ramener à la Cour.
Il avait résolu qu'elle n'y reparaîtrait jamais.
Arrivé à Muret, il montait avec la princesse
dans un carrosse à huit chevaux et prit la route

de Flandres du côté de l'Artois. Il marcha sans s'arrêter nulle part jusqu'à Landrecies. La crainte du déshonneur dont il avait l'imagination remplie, et celle d'être arrêté sur sa route lui donnèrent des ailes.

Le Roi jouait dans son petit cabinet lorsqu'il en apprit la nouvelle par d'Elbène et le chevalier du guet. Jamais trouble ne fut égal à celui du Roi. Il quittait aussitôt le jeu et, laissant son argent à Bassompierre : « Ah! mon ami, lui dit-il à l'oreille, je suis perdu. Cet homme mène sa femme dans un bois; je ne sais si c'est pour la tuer ou pour la mener hors de France ! »

Il faut voir dans le journal de Bassompierre jusqu'où alla, en cette occasion, la faiblesse du plus grand homme de l'Europe. Il envoya chercher ses ministres et leur demanda prompt remède à ses malheurs. De la manière dont le même Bassompierre, présent à la scène, la rapporte, on serait tenté de croire qu'il veut égayer son lecteur. Le premier, le chancelier Bellièvre, suivant Bassompierre, lui conseilla de rendre bons édits, de faire de bonnes déclarations. Villeroy réduisit le tout au pied des dépêches et de la négociation. Jeannin conseilla de porter la guerre dans les Pays-Bas; Sully fut d'avis de garder le silence et de ne rien faire. Quoi qu'il en soit de la réalité de ces avis, il semble que celui de Jeannin devait être du goût du Roi, quoique celui de Sully fût le plus sage.

Praslin, fut dépêché pour empêcher la fuite du prince ou pour le ramener. Il ne put l'atteindre qu'à Landrecies et tenta inutilement de le faire revenir en France. On employait avec aussi peu de succès les prières, la négociation et les menaces auprès de l'archiduc. Les ministres d'Espagne et, en particulier le marquis de Spinola, firent échouer tous les projets. Le marquis de Cœuvres, naturellement brave et guerrier, voyant que la voie de la négociation ne réussissait pas, entreprit d'enlever la princesse à la vue de l'archiduc, et dans Bruxelles même. La princesse qui n'avait jamais eu forte inclination pour le prince y donna même les mains ; mais le projet fut découvert et il fallut l'abandonner.

Le prince cria fort haut. Les ministres d'Espagne se plaignirent et on en fut quitte pour nier tout. C'est le parti ordinaire que prend un ministre qui ne réussit pas, en pareille occasion. Il ne tint pas même au marquis de Cœuvres qu'on ne crût que l'entreprise n'eût été conduite par les intrigues du prince de Condé, pour rendre la Cour de France odieuse et sa retraite plus considérable. L'Autriche feignit de croire tout ce que les agents de Henri IV voulurent lui dire, sans se déclarer contre ce prince. Le Roi, instruit du mauvais succès de ses intrigues à Bruxelles, écrivit au prince : il l'assurait du pardon s'il revenait et le menaçait de toute son indignation s'il persistait dans ce qu'il appelait sa révolte et de le faire déclarer criminel de lèse-majesté. La réponse du prince consistait en protestations de son innocence et de son respect, et contre tout ce qui serait fait à son préjudice. Dans la crainte d'être enlevé de Bruxelles, il en partit sur la fin de février et se retira à Milan, auprès du comte de Fuentès, qui en était gouverneur pour le Roi d'Espagne. La princesse restait à Bruxelles où elle se regardait, elle-même, comme prisonnière.

La guerre fut enfin résolue. On arma de toutes parts : en France, en Flandre et en Espagne. Le prétexte du grand armement qu'on faisait en France était de secourir l'électeur de Brandebourg, palatin de Neubourg, contre l'Empereur Rodolphe (1), qui avait dessein de

(1) L'empereur Rodolphe était le frère de l'Archiduc. Voir dans *Économies royales de Sully, op. cit.*, éd. Michaud, II, p. 392, ch. ccvii... Armée envoyée au siège de Juliers ; motifs secrets de cette mesure.

s'emparer des Elèves et de Julien. Malgré les préparatifs de la guerre, le roi employait toujours la voie de la négociation pour ravoir la Princesse. Les affaires étaient conduites par la sœur de Préan, au nom du Connétable et de Mme d'Angoulême ; mais les liaisons avec l'ambassadeur de France faisaient aisément connaître que tout se faisait, réellement, au nom du roi. Les raisons de Préan pour retirer la Princesse étaient, entre autres, le couronnement de la Reine, auquel le Connétable et Mme d'Angoulême voulaient que la Princesse de Condé fût présente et tînt le rang qui lui était dû, et la sorte de nécessité qu'il y avait qu'elle fût auprès d'eux pour former la demande en séparation qu'elle avait dessein d'intenter contre son mari. Car les mécontentements réciproques et les chagrins de la Princesse, qui appelait violence et prison, son séjour à Bruxelles avaient conduit les choses à cette extrémité.

Mais le Conseil d'Espagne prévalant sur toutes les menaces de la France, Henri était résolu de passer aux effets et de se mettre lui-même à la tête de la plus belle armée que, depuis le règne de François Ier, l'on eût vue. De toutes parts, l'on ne voyait que levées de troupes ; on fortifiait les frontières ; on formait

HENRI IV

(portrait inédit)

(Bibliothèque Nationale)

des magasins de vivres et d'artillerie ; la noblesse allait monter à cheval. Et, de quelles
conquêtes ne se flattait-elle pas, ayant à combattre sous les yeux de son Maître, duquel on
ne saurait dire s'il était plus craint qu'il n'était
aimé. Enfin, la Princesse, vrai motif de cette
guerre, allait être l'Hélène qui devait armer
tant de bras, lorsque l'assasinat du Roi, arrivé
le 14 Mai 1610, fit évanouir tous ces projets et
les craintes de l'Archiduc et de l'Espagne, hors
d'état de soutenir les efforts d'un héros anémié
par l'amour et par la gloire.

A peine la nouvelle de cette mort fut-elle
répandue que Condé retournait en poste de
Milan à Bruxelles. La face des affaires changeait entièrement. L'Espagne enorgueillie d'un
événement plus fatal à la France, que si elle
eût perdu dix batailles, consentit, après quelques négociations, à faire la paix (1). L'Archiduc y accéda volontiers et Condé s'en revint
en France. Il ne vit pas d'abord la Princesse,
leur racommodement se fit à Paris, où Condé,
qui avait quitté la France, en fugitif et sans
suite, presque abandonné de tout le monde,
rentra comme en triomphe et moins **en premier** Prince du Sang qu'en Roi. La réunion des
époux fut sincère et la Princesse en donnait
un exemple éclatant lorsque n'ayant pu obtenir

du Roi l'élargissement du Prince, qui était enfermé à la Bastille, elle demandait comme grâce de s'y renfermer (1) avec lui. Elle y devint le conseil et la consolation de son époux pendant plus de deux ans que dura sa détention.

Elle resta veuve en 1646 et mourut à l'âge de cinquante-sept ans, le 2 Décembre 1650, à Châtillon-sur-Loing, où une fièvre violente l'emporta.

(1) Ce n'est pas à la Bastille, mais dans la prison de Vincennes, que la femme partagea la captivité du mari ; très héroïquement, avec dévouement réel et d'autant plus méritoire que leurs « aventures » d'autrefois ne l'avaient pas préparé. — Pour la mise au point de ces détails, voir plus loin l'*Historiette de Madame la Princesse,* d'après TALLEMANT DES RÉAUX. — Dans sa *Gazette* du 4 décembre 1650, Loret annonçait cette mort :

> Madame la Princesse veuve,
> Qui maintes fois a fait épreuve,
> Tantôt d'un destin glorieux,
> Tantôt d'un sort injurieux
> De cent félicités diverses
> Et d'autant de traverses,
> Mais ayant toujours conservé,
> Un cœur haut, un cœur élevé,
> Grand, bienfaisant, magnanime,
> Digne enfin d'éternelle estime.
>
> . . . .
> . . . .

A vrai dire, ne fut point remarquée la mort de cette « Princesse » dont la beauté, jadis, attirait tous les regards et troublait tant de cœurs. C'est le 22 décembre que son corps fut porté aux Carmélites de Paris. *Sic transit !...*

M. LE PRINCE HENRI DE BOURBON
PÈRE DU GRAND CONDÉ

Tallemant des Réaux, pp. 177-182, III, *op. cit.*,
édition Monmerqué.

M. le Prince — père du Grand Condé — eut une jeunesse assez obscure et assez malheureuse. Nous avons parlé ailleurs (1) de sa fuite en Flandre, de son retour et de sa prison. Ses exploits qui sont petits, il disait : « il est vrai que je suis poltron mais ce bougre de Vendôme, l'est encore plus que moi », se voient dans les Mémoires de M. de Rohan et ailleurs.

En une débauche il passa tout nu à cheval par une rue de Sens, en plein midi, avec je ne sais combien d'autres aussi. On a une lettre de M. de Rohan où ce seigneur lui reproche sa Sodomie (2) en ces termes : « Au moins, n'ai-je

____

(1) Dans l'*Historiette de Madame la Princesse*, qui termine l'Appendice.

(2) Est-ce une médisance de Tallemant qui n'en est pas avare, nous le savons ? Toujours est-il que ce vice odieux

rien fait qui me fasse appréhender le feu du ciel. » De tout temps M. le Prince a été accusé de ce vice. On fit une chanson, que je n'ai pu trouver, où l'on faisait aller tous les beaux garçons de la Cour au-devant de lui.

Il a bien fait la débauche avec les écoliers de Bourges : il leur faisait manger leur argent. Il a quelquefois pris des promesses d'eux. Il les trichait au jeu et ayant gagé le dîner à la boule à l'un d'eux il lui dit : « J'enverrai demain de quoi, ne vous mettez pas en peine. » Il envoya le lendemain, un pâté et deux bouteilles de vin et mena vingt-cinq gentilshommes, comme gouverneur du pays. Quand il allait au cabaret, au pis aller, il ne payait que sa part et, s'il pouvait, il laissait payer les autres pour lui. Un jour, en une petite ville, quand il voulut compter avec l'hôte, cet homme lui dit que

---

fut à la mode depuis surtout le règne de Henri III jusqu'au milieu du xviii° siècle. La sodomie était, en ce temps, chose si courante qu'elle pouvait s'étaler au grand jour, presque sans scandale. Ces mœurs grecques arrivaient de haut. Le grand Condé, le vainqueur de Rocroi, fils de cet Henri de Bourbon et de Charlotte, fut ce qu'on appelle, aujourd'hui, un « homosexuel ». Philippe, frère de Louis XIV, mérita d'être surnommé « le roi de Sodome ». Il est vrai que Louis XIV, s'il afficha Lavallière, Montespan, Maintenon et tant d'autres, eut toujours en horreur les « invertis » qui déshonorèrent son règne. Voir dans l'*Histoire amoureuse des Gaules* le pamphlet: *La France italianisée*. Mais insister sur ces choses délicates serait, ici, hors de propos.

les échevins avaient payé sa dépense. Il lui demanda combien il avait eu : « Monseigneur, répondit l'hôte, on a un peu payé la qualité, j'ai eu cinquante écus de plus que je n'aurais eu d'un autre ». On dit qu'il le contraignit à lui donner ces cinquante écus.

Une autre fois, comme il était prêt de signer un bail à ferme d'une de ses terres, il dit aux fermiers qu'ils lui confessassent combien ils donnaient à Perrault, son secrétaire ; et les ayant obligés d'avouer qu'ils lui donnaient cent écus, il se les fit bailler, leur disant qu'ils n'auraient plus affaire à son secrétaire. Cependant, ce secrétaire a fait une grande fortune avec lui ; car il faut qu'un habile homme fasse ses affaires et celles de son maître à la fois. Il lui prêtait de l'argent pour entrer dans une affaire, s'en faisait payer l'intérêt ; puis, comme il était homme de bon compte, il lui disait : « Tenez, il y a tant de profit pour vous. » Quand on lui donnait de l'argent pour quelque affaire, il le mettait dans un coffre, et le rendait si l'affaire ne se faisait pas.

Les habitants de je ne sais quelle paroisse le prièrent un jour de trouver bon qu'ils s'avouassent de lui pour être exemptés des gens de guerre. « Mais, leur dit-il, que me donnez-vous ? — Monseigneur, nous vous ferons un présent. — Non, je veux quelque chose de certain. » Il ne leur promit point qu'auparavant ils ne fussent tombés d'accord de la somme et du terme, et il les avertit, comme ils s'en allaient, qu'ils lui envoyassent sans faute cette somme, car il la leur demanderait plutôt la veille que le lendemain.

Il eut de belles terres de la confiscation de M. de Montmorency, mais son plus grand bien venait des affaires qu'il avait faites.

Un jour qu'il avait haussé bien des fermes, le marquis de Rostaing, autre avaricieux, disait : « Voilà un homme qui nous apprend à bien vivre. » Il avait l'âme d'un intendant de grande maison. Jamais homme n'a tenu ses papiers en meilleur ordre. Il courait à cheval sur une haquenée dans Paris, avec un seul valet de pied, pour solliciter un procès. Il allait chez feu La Martellière les jours de son conseil ; en ce temps-là, les avocats n'étaient pas si lâches qu'à cette heure. Il allait voir Vitray deux fois la semaine, comme un homme de bon sens, *fichu* au reste qu'il n'y avait rien de même : s'il eût été propre il n'aurait point été trop mal.

M. le Prince dépensait pourtant beaucoup ; mais sa dépense ne paraissait pas. Il avait des équipages complets en plusieurs maisons ; il donnait à ses gens le moins qu'il pouvait. Il payait tous les premiers de l'an; et à Pâques il leur donnait de quoi aller à confesse. Jamais il n'y eût maison mieux réglée; ce n'eût pas été un mauvais roi. Véritablement il n'eût pas été si redouté qu'Henri IV; on perdit furieusement à sa mort, car il n'eût pas souffert les barricades ni le blocus de Paris...

... Il savait si peu qui étaient les beaux esprits qu'un jour ayant trouvé Mme de Longueville, sa fille à table, M. Chapelain dînait avec elle, elle se leva, il lui voulut dire quelque chose; après il lui demanda — « Qui est ce petit noireau? — C'est M. Chapelain, dit-elle. — Qui est-il? — C'est lui qui a fait *la Pucelle* (1) — Ah, dit-il, c'est donc un statuaire? »

Au retour d'Italie, de peur de donner de l'ombrage à M. de Luynes, il s'alla confiner à Bourges. Ce fut là qu'il connut Perrault qui y était écolier et qui devint enfin son maître, car il jurait plus haut que lui. Sous le cardinal de Richelieu, il n'a pas soufflé (2). Il disait un jour

(1) Le fameux poème de Chapelain qui fit, avant de paraître, tant de bruit, — ne disait-on pas : « quelque chose va naître, plus grand que l'*Illiade* » — et qui, tout aussitôt paru, sombrait sous le ridicule. Qui s'aviserait aujourd'hui de lire *la Pucelle* de Chapelain? Celle de Voltaire est déjà si démodée !

(2) Il n'était pas sans se rappeler que Richelieu avait fait

à son fils : « C'est bon pour vous qui êtes vaillant. » Il ne croyait pas que son fils, s'exposant comme il le faisait, lui dût survivre et, quand sut l'affaire de Fribourg : « Ah! dit-il, il n'y en a plus que pour une campagne. »

Quand il sut que M. le duc d'Enghien — qui fut le grand Condé son fils — n'avait point été voir M. le Cardinal de Lyon (1), il envoya quérir Dalliez, homme d'affaires, son grand factotum en fait de finances, après Perrault, et lui dit en une colère horrible : « Vous avez fait donner dix mille écus à mon fils, à Lyon, guillotiner Toulouse, son beau-frère — beau-frère du premier lit.

Montmorency fut véritablement « guillotiné », car à cette époque, déjà, la guillotine existait. Mais il fut maladroitement guillotiné. Le bourreau le blessait au col. « Monsieur, disait Montmorency, ce n'est point par appréhension que je remue, mais parce que ma blessure me fait mal. » On n'en montre pas moins à Toulouse, aux visiteurs du Capitole, l'épée (?) — conservée dans une boîte de velours — qui servit à « décoller » Montmorency.

(1) Alphonse-Louis du Plessis de Richelieu, frère du cardinal de Richelieu. — Voir son « Historiette » dans TALLEMANT DES RÉAUX, *op. cit.*, III, pp. 23-26. Le cancanier du xvii siècle ne lui est pas trop défavorable et vraiment, c'est miracle ! On lui fit cette épitaphe :

> *Pauper natus sum, pauperiem vovi.*
> *Pauper morior, inter pauperes speliri volo.*

« Il acquit la réputation d'un homme fort charitable ; à Lyon, pendant la peste, il alla partout comme s'il n'eût pas eu tout sujet d'aimer la vie... Il ne laissait pas que d'avoir de l'esprit, mais il paraissait presque toujours bébête !... »

vous êtes cause de sa perte ; s'il n'eût point eu
tant d'argent, il fût allé voir le Cardinal de
Lyon, oncle de sa femme ; il n'eût point passé
sans lui rendre visite. » Dalliez dit qu'il n'avait
fait compter à M. d'Enghien que cent pistoles
par-delà la somme ordonnée par M. le Prince.
Or le cardinal de Richelieu prit cela au point
d'honneur. C'était par fierté que M. d'Enghien
n'avait point été voir le cardinal de Lyon, sous
prétexte que les princes du sang ne voulaient
céder qu'au seul cardinal de Richelieu et non
aux autres. Ils lui cédaient, disait-il, comme
premier ministre, comme les Princes cédaient
autrefois à l'abbé Sugger (1) ; mais il était ré-
gent. Le Cardinal, qui voulait plaire à Rome,
disait que c'était à la pourpre éminentissime
qu'il fallait rendre cet honneur. Il rapportait
l'exemple des souverains d'Italie. Le cardinal
de Richelieu, effectivement, voulait qu'ils cé-
dassent au cardinal Mazarin. Au retour de Perpignan, par dépit, le père et le fils s'en allèrent en Bourgogne ; et ils y étaient quand le
Cardinal mourut. On a cru que le Cardinal
avait dessein de les perdre lorsqu'il mourut ;
mais c'était seulement qu'il les voulait désunir

(1) On sait que ce ministre très libéral et célèbre, de
Louis VII, prenait une part prépondérante dans « l'affran-
chissement des communes ».

pour être maître du duc d'Enghien et l'obliger d'avoir recours à lui.

Le Roi avait laissé ici feu M. le Prince pour commander durant le voyage de Perpignan. Au *Te Deum* il se mit à la tête du Parlement comme le Roi. Le Parlement voulait se retirer. Le président Molé leur démontra que cela déplairait au Roi; mais il signifiait à M. le Prince que c'était entreprendre sur le parlement, et qu'on s'en plaindrait au Roi.

En effet, M. le Prince eut une réprimande.

Il fit, une fois, un vilain tour à M. d'Enghien à Fribourg. M. d'Enghien avait grivelé sur les gens de guerre trente mille écus qu'il envoyait en or à Paris. M. le Prince en fut averti. Il va avec un commissaire, lui-même, car Perrault n'y voulut jamais aller, faire ouvrir la malle où était cet or, et en payer ce que son fils devait à M. de Longueville et à d'autres; et, quand il revint, il lui donna des quittances au lieu de ses louis d'or, en lui disant : « Il faut toujours commencer par payer ses dettes. »

MADAME LA PRINCESSE
MÈRE DU GRAND CONDÉ

Tallemant des Réaux, pp. 175-186, I, *op. cit.*,
édition Monmerqué.

Mlle de Montmorency n'avait que quatre ans,
qu'on vit bien que ce serait une beauté extraordinaire. Mme de Sourdis qui avait gagné
cinquante mille livres de rentes, à la faveur de
Mme de Beaufort sa nièce et qui espérait que
cette *Aurore* (1) donnerait dans les yeux du
Roi, fit dessein de la faire épouser à son fils le
marquis de Sourdis d'aujourd'hui, qui avait
trente mille livres de rentes en fonds de terre,
et à qui elle avait fait apprendre toutes les
choses imaginables. On disait qu'il y avait
en lui de quoi faire quatre honnêtes gens et

(1) Allusion au passage de cette lettre que Voiture écrit
à Mlle Paulet : « Je souhaite de tout mon cœur que cette
Aurore, car ce nom que vous lui donnez lui va bien, soit
suivie d'un aussi beau jour qu'elle le mérite et que tous ceux
de sa vie soient exempts de nuages et aussi clairs et sereins
que son visage et son esprit. »

que, cependant, ce n'était pas un honnête homme. En cette intention elle la demande et offre de la prendre sans aucun bien. Le Connétable accepte le parti, Mme d'Angoulême, bâtarde de Henri II, veuve du frère aîné du Connétable, mais sans enfants, ayant deviné le dessein de la marquise, rompit le coup et prit sa nièce chez elle, après la mort de la Connétable, qui arriva bientôt.

M. de Bassompierre, au bout de quelques années, voulut la prendre sans biens ; mais quoiqu'il fût bien fait et fort bien avec le Connétable et que l'affaire fût fort avancée, Mme d'Angoulême la rompit. Bassompierre, depuis, fit tout ce qu'il put, mais en vain, pour faire accroire qu'il était bien avec elle (1).

La Reine-mère, quelque temps après, fit un ballet, dont elle mit les plus belles de la Cour; pensez qu'elle n'oublia pas Mlle de Montmorency, qui pouvait avoir alors treize à quatorze ans. On ne pouvait rien voir de plus beau ni de plus enjoué; mais il y en avait bien d'aussi spirituelles qu'elle, pour le moins. Il y eut quelques démêlés entre la Reine et le Roi, sur ce ballet. Il voulait que Mme de

____

(1) Inutile, sans doute, de faire remarquer ici, sans insister davantage, combien Tallemant est mal renseigné.

Moret (1) en fût. La Reine ne le voulait pas et
elle voulait que Mme de Verderonne, femme
d'un président des Comptes, en fût; et le Roi

(1) Jacqueline de Bueil, comtesse de Bourbon-Moret, était
alors une des maîtresses de Henri IV. « ...Mme de Moret
était de la maison de Bueil. N'ayant ni père ni mère, elle
fut nourrie, je pense, chez Mme la princesse de Condé,
Charlotte de la Trémouille. Elle était là en bonne école.
Henri IV, qui ne cherchait que de belles filles et qui, quoique vieux, était plus fou sur ce chapitre-là qu'il n'avait été
en sa jeunesse, la fit marchander et on conclut à trente
mille écus. Mais Mme la Princesse de Condé souhaita que,
par bienséance, on la mariât en figure, si j'ose dire. Cézy,
de la maison de Harlay, homme bien fait et qui parlait agréablement, mais qui avait mangé tout son bien, s'offre à
l'épouser. On les maria un matin. Le Roi, impatient et ne
goûtant pas trop qu'un autre eût un pucelage qu'il avait
payé, ne voulut pas permettre que Cézy couchât avec sa
femme et la vit dès ce soir-là. Cézy, lâche comme un courtisan ruiné, prétendant avoir sa femme le lendemain, résolut de tout souffrir pour faire fortune ; mais elle n'y voulut
jamais consentir. On rompit le mariage à condition que Cézy
aurait les trente mille écus... Henri IV, se refroidissant,
Mme de Moret s'avisa de faire la dévote. Elle n'avait que
du linge uni, une grande pointe, une robe de serge, les
mains nues. C'était pour les montrer, car elle les avait
belles. Jusque-là, elle avait été un peu goinfre, mais fort
agréable. Henri IV fut tué avant qu'elle eût achevé sa farce.
Elle jouait un autre personnage ensuite, car elle feignit de
devenir aveugle. On croit que c'était pour faire pitié à la
Reine-mère. Enfin, elle fit semblant que M. de Mayenne,
médecin célèbre, qui était son ami, lui avait fait recouvrer
la vue d'un œil, mais il ne paraissait point que l'autre fût
plus malade. Elle se remit à faire l'amour tout de nouveau.
M. de Vardes se laissait attraper et l'épousait. Elle est
morte empoisonnée, par mégarde et sans y penser. D'autres
disent que c'est un valet qui l'a empoisonnée, et on soupçonne le mari qui a retiré chez lui une demoiselle de bon

ne le voulait pas. Ils avaient tort tous deux en ce qu'ils voulaient, et raison en ce qu'ils ne voulaient pas. A la fin, pourtant, la Reine l'emporta. Pendant ce petit désordre, elle ne laissait pas de répéter son ballet. Pour y aller on passait devant la chambre du Roi; mais, comme il était fort en colère, il la faisait fermer brusquement dès qu'elle venait pour passer.

Un jour, il entrevit par cette porte Mlle de Montmorency, et, au lieu de la faire fermer, il sortit lui-même et alla voir répéter le ballet. Or, les dames devaient être vêtues en nymphes; en un endroit elles levaient leur javelot comme si elles l'eussent voulu lancer. Mlle de Montmorency se trouva vis-à-vis du Roi quand elle leva son dard; et il semblait qu'elle l'en voulût percer. Le Roi a dit depuis qu'elle fit cette action de si bonne grâce, qu'effectivement il en fut blessé au cœur et pensa s'évanouir. Depuis ce moment l'huissier ne ferma plus la porte, et le Roi laissa faire à la Reine tout ce qu'elle voulut.

lieu, qu'il pourrait fort bien avoir envie d'épouser. J'ai su, depuis, qu'on avait fait un quiproquo chez l'apothicaire et qu'on lui avait donné du sublimé pour du cristal minéral. On lui trouva deux abcès qui l'eussent fait mourir subitement. » TALLEMANT DES RÉAUX, *op. cit.*, I, pp. 167-172, éd. Monmerqué.

On avait déjà parlé de marier M. le Prince
avec Mlle de Montmorency. Le Roi conclut
l'affaire, croyant que cela avancerait les siennes.
M. le Connétable donna cent mille écus à sa
fille. M. le Prince était fort pauvre; mais
c'était un grand honneur que d'avoir pour
gendre le premier prince du sang. Le Roi,
dans sa passion, fit toutes les folies que pouvaient faire les jeunes gens. Quoiqu'il eût cin-
quante-trois ans, ou environ, il courait la
bague avec un collet de senteurs et des manches de satin de la Chine.

Le Roi obtint une fois de Mme la Princesse
qu'elle se montrerait, un soir, tout échevelée
sur un balcon, avec deux flambeaux à ses côtés.
Elle s'en évanouit quasi, et elle dit : « Jésus !
qu'il est fou ! » Elle se laissa peindre pour lui
en cachette; ce fut Ferdinand qui fit le portrait. M. de Bassompierre l'emporta vite après
qu'on l'eut frotté de beurre frais, de peur qu'il
ne s'effaçât; car il fallut le rouler pour le
porter sans qu'on le vît. Quelques années après,
Mme la Princesse croyant que Ferdinand aurait oublié cela, ou bien n'y songeant plus, lui
demanda, un jour, quel portrait de tous ceux
qu'il avait faits lui semblait le plus beau.
« C'est, lui dit-il, un qu'il fallut frotter de
beurre frais. » Cela la fit rougir.

M. le Prince, qui voyait que l'amour du Roi
était fort violente, emmena sa femme à Muret,
auprès de Soissons. Le Roi ne put être longtemps sans la voir. Il va, avec une fausse
barbe, à une chasse où elle devait être. M. le
Prince en a avis et remet la chasse à une autre
fois. A quelques jours de là, le Roi fait que
M. de Troigny, un seigneur de ces quartiers-
là, convie M. le Prince et Mme la Princesse à
dîner et lui se cache derrière une tapisserie
d'où, par un trou, il la voyait tout à son aise.
Elle savait l'affaire. Comme elle y allait avec
sa belle-mère, le Roi, pour la voir en passant,
se déguisait en postillon, et, avec M. de Beneux, qui feignait d'aller voir une belle-sœur,
en ces quartiers-là, passait auprès du carrosse
où M. de Beneux fut quelque temps à parler.
Quoique le Roi eût une grande emplâtre sur la
moitié du visage, il fut pourtant reconnu de
l'une et de l'autre (1). Mme la Princesse et sa
belle-mère, Catherine de la Trémouille, furent
quinze jours à Roucy, où la comtesse de Roucy,
parente de M. le Prince par son mari, fils
d'une héritière de Roye, leur prêta quatre
mille écus pour leur voyage; et, depuis, quand

<hr>

(1) *Mémoires de Lenet*, LIII, 139. Deuxième série de la *Collection Petitot*.

CHARLOTTE DE MONTMORENCY
vers la fin de sa vie.

(Bibliothèque Nationale)

la belle-mère fut revenue de Flandre, elle la dé-
frayait à Paris.

Mme la Princesse fit bien pis que cela,
car elle se laissa persuader de signer une requête pour être démariée. Le Roi avait obligé
ses parents à dresser cette requête (1) et le
Connétable était un lâche qui croyait que cet
amour du Roi le comblerait de trésors et de dignités. Les gens de Mme la Princesse, qui
étaient fort jeunes, lui faisaient accroire qu'elle
serait Reine. Voyez quelle apparence il y
avait! Il eût donc fallu empoisonner la Reine
Marie de Médicis, car elle avait des enfants.
M. le Prince n'a jamais pu pardonner à sa
femme d'avoir signé cette requête. Enfin, il
s'enfuit avec elle à Bruxelles, où il ne se
trouva pas trop en sûreté, par les menées du
marquis de Cœuvres, qui y était allé en qualité
d'ambassadeur.

(1) Peut-être semble excessive cette affirmation de Tallemant. Le Prince, que fatiguaient, qu'inquiétaient les assi-
duités du Roi, avait dit, en un moment de colère : « J'aime
mieux être démarié que d'être déshonoré ! » — Parfaitement,
avait répondu Henri IV, je le prends au mot et même je me
charge de lui procurer le consentement de sa femme. »
Mais Henri II ayant riposté que s'il y avait procédure en
divorce, le Roi ne trouverait pas mauvais que sa femme
« restât à la maison, tant que durerait la procédure », le
monarque n'insistait pas davantage. Charlotte n'aurait donc
pas signé ce soi-disant acte de « démariage » puisque jamais cet acte n'aurait été dressé.

On a dit que c'était de son consentement que le marquis de Cœuvres la devait enlever de Bruxelles, et le petit Toiras, depuis maréchal de France, page de M. le Prince, était espion pour le Roi. Le marquis écrivait : « Le petit Toiras sert toujours bien Votre Majesté, je lui ai payé sa pension. »

Le Prince passait avec sa femme à Milan. En ce moment-là, l'armement du Roi tenait tout le monde en jalousie. On armait aussi dans le Milanais. Le bruit courut que M. le Prince devait commander cette armée (1).

Après la mort du Roi, M. le Prince rammena sa femme à la Cour de France (2).

(1) Nous savons que la Princesse n'accompagna pas son mari à Milan, où l'accueillait avec un enthousiasme tout politique le duc de Fuentès, gouverneur de cette ville pour le Roi d'Espagne. Mais, comme à Milan, Condé pouvait devenir entre les mains des Espagnols un instrument de troubles, Bullion, ambassadeur de France à Turin, eut mission de le surveiller.

(2) Nous avons dit que revenant à Paris il ne l'y ramenait point. A Paris, dès son arrivée, pas plus qu'à Bruxelles, il ne laissa supposer qu'il la reprendrait. On affirmait même qu'il aspirait à la main de Mlle de Montpensier, laquelle était déjà promise au duc d'Orléans. Mais, comme l'un des deux fiancés avait trois ans et l'autre quatre, cette promesse n'était pas un obstacle bien sérieux à d'autres projets. C'est cette duchesse de Montpensier qui se mariait à Gaston d'Orléans, d'où naquit la Grande Mademoiselle. Ce n'est que deux jours après la rentrée du Prince de Condé à Paris que la duchesse d'Angoulême allait chercher sa nièce à Bruxelles. A Chantilly une entrevue eut lieu entre

Mme de Rambouillet dit que Mme la Princesse
eut la petite vérole, et qu'il lui demeura une
grosse couture à chaque joue, qui, avec une
grande maigreur qu'elle eut, la défigurèrent
fort longtemps. Enfin ses coutures se guéri-
rent ; elle devint grasse et fut la plus belle
personne de la Cour (1). Mme de Rambouillet
dit encore que durant sa grande fleur, dès qu'il
venait une beauté nouvelle, on disait aussitôt :
« Elle est plus belle que Mme la Princesse,
mais qu'enfin on revenait de cette erreur. Elle
avoue pourtant que Mme des Essarts (2), depuis la maréchale de l'Hospital, qui succédait à
Mme de Moret, mais simplement, comme une
belle courtisane, plutôt que comme une maîtresse, et Mme de Quélin (3), qui eut l'honneur d'avoir sa part aux embrassements du
Roi, à bien examiner tous les traits étaient
plus belles que Mme la Princesse, mais que

le mari et la femme, mais on jugea convenable de laisser
s'écouler quelques mois, avant que la Princesse reparût à
la Cour.

(1) Cette Mme de Rambouillet est la fameuse précieuse
l'*Arthénice*, du célèbre Hôtel de Rambouillet, où pendant sa
vogue, se dépensa le plus d'esprit qu'il s'en pouvait dé-
penser dans Paris.

(2) Comtesse de Romorantin. Henri IV en eut deux filles
qui furent toutes deux abbesses : l'une, de Chelles, l'autre,
de Fontevrault.

(3) M. de Quélin, conseiller de la Grand'Chambre, passait
pour être un fils de Henri IV.

Mme la Princesse avait tout une autre grâce.

Quand M. le Prince fut arrêté (1), il fallut par bienséance demander à entrer en prison avec lui ; sans cela, peut-être n'eussent-ils point eu d'enfants ; car Mme de Longueville et M. le Prince y sont nés ; et, avant cela,

(1) Aussitôt à Paris, Condé « eut la dent longue ». Il n'oublia pas qu'il avait été héritier du trône et qu'il pouvait tout au moins, être le Président du Conseil de Régence ; poste et titre que le Parlement donnait à Marie de Médicis. Pour l'apaiser on lui compta 200.000 écus, puis on lui faisait présent d'un magnifique hôtel à Paris. Mais autour de lui se rallièrent les mécontents. Encore pour l'apaiser, on lui compta 1.200.000 écus, avant qu'il allât prendre son gouvernement de Guyenne. Il n'en continua pas moins de conspirer : conspiration, d'ailleurs, inutile et infructueuse. Il blâma le mariage de Louis XIII avec Anne d'Autriche, se ralliait aux protestants contre ce qu'il jugeait être « les tolérances ultramontaines du gouvernement », demanda que son gouvernement de Guyenne fût échangé contre le gouvernement du Berry, avec cinq places fortes, dont Chinon et Bourges ; bref, s'agita tant et si fort, parlant même de faire assassiner, que la Reine-mère, la victime désignée, le fit déclarer coupable de lèse-majesté et enfermer à la Bastille tandis que sa femme était exilée à Saint-Valéry. Lorsque de la Bastille Condé fut transféré à Vincennes, Charlotte voulut partager la captivité de son mari : Ce fut accordé. Mais l'aventure de Bruxelles ne faisait en rien présager ce rapprochement ! Plus tard, lisons-nous dans Duc d'Aumale, *Histoire des Princes de Condé, op. cit.*, III, pp. 103-104, « Marie de Médicis déclara dans son manifeste qu'elle éprouvait une vraie douleur d'avoir conseillé l'emprisonnement de Condé, supplia le roi de le faire élargir et témoigna une certaine indignation des mauvais traitements qu'on lui faisait subir ». Délivré le 20 octobre 1619, il fut solennellement et très affectueusement accueilli par le Roi, à Chantilly.

le mari et la femme n'étaient pas trop bien ensemble (1). Au sortir de là, elle fit galanterie avec le cardinal de La Valette qui y dépensait si bien son argent que quand il est mort il avait mangé son revenu jusqu'à l'an 1650 ; c'est en 1639 qu'il mourut. Une fois il lui en coûta deux mille écus pour une poupée, la chambre, le lit, tout le meuble, le déshabillé, la toilette et bien des habits à changer, pour

(1) Relevons quelques inexactitudes de Tallemant. La duchesse de Longueville naquit dans la prison de Vincennes, en août 1619 ; mais le grand Condé naquit non en prison, mais le 8 septembre 1621, à Chantilly.

Tallemant dit que si le Prince et la Princesse ne s'étaient pas retrouvés en prison, jamais ils n'auraient eu d'enfants. C'est le 16 septembre 1617, que tous deux furent enfermés à Vincennes, et c'est le 20 décembre, même année, que Charlotte accouchait d'un fils mort en naissant ; elle-même fut en grand danger de mort. L'année suivante un accident (29 août 1618) lui enlevait deux jumeaux.

« Pendant la prison de M. le Prince, le lendemain que Mme la Princesse sa femme fut accouchée de deux enfants morts, pour avoir été incommodée de la fumée qu'il faisait dans la chambre au bois de Vincennes, Malherbe trouvait un conseiller de province, de ses amis, en grande tristesse, chez M. le garde des Sceaux du Vour. — « Qu'avez-vous ? » lui demanda-t-il. — « Les gens de bien, répondit cet homme, pourraient-ils avoir de la joie quand on vient de perdre deux princes du sang ? » — Malherbe lui repartit : « Monsieur, Monsieur, cela ne doit point vous affliger, ne vous souciez que de bien servir, vous ne manquerez jamais de maître. » TALLEMANT DES RÉAUX, II, *op. cit.*, p. 250, éd. Monmerqué.

Alors qu'il acceptait un « maître », le poète courtisan estimait que le bien servir était se faire, par des poésies, l'entremetteur courtisan des amours royales.

Mlle de Bourbon, depuis duchesse de Longueville, encore enfant.

Le cardinal de La Valette était un galant
homme, mais fort laid (1). Pompeo Frangipani,
seigneur romain, qui était à la Cour, disait
que c'était, justement, un *viso di Cazzo* (2).
M. d'Aumont disait qu'il croyait qu'en relevant
la moustache du cardinal La Valette on lui re-
levait aussi les lèvres. Ce cardinal était libéral
et avait beaucoup d'esprit. Il était enjoué jusqu'à se mettre sous un lit en badinant avec
des enfants : cela lui est arrivé bien des fois à
l'hôtel de Rambouillet. Mais il était quelquefois un peu emporté et une fois il alla dire le
diable, en présence de Mme la Princesse, des
femmes qui faisaient l'amour. Il disait, car il
avait l'esprit délicat et n'était pas ignorant, que
le cardinal de Richelieu avait des galanteries
de pédant, et sa plus grande joie était de venir
en rire avec Mme de Rambouillet, en qui il
avait une confiance entière. Le cardinal de Richelieu vivait avec lui tout autrement qu'avec

(1) Voir plus bas quelques mots, en note, sur le cardinal
de La Valette.

(2) Monmerqué met en note : « C'est, dit Tallemant, une
injure en Italie, comme ici : *visage de bois flotté* ». — « On dit,
par injure à une personne, que c'est un plaisant visage; « un
visage de bois flotté », un visage de cuir bouilli, un visage à
étui quand il est noir, rude, couperosé. » *Dict. de Trévoux.*

les autres, car il lui avait, comme nous dirons
ensuite, la plus grande obligation qu'on puisse
avoir à un homme. Il le traitait civilement et
respectueusement, et comme de La Valette
n'avait rien dans la tête que la guerre, il le sa-
tisfaisait en cela.

M. d'Espernon appelait le cardinal de La
Valette, *le bas valet*, à cause qu'il faisait la
cour au cardinal de Richelieu. Il avait voulu
être général d'armée à toute force, à cause de la
toute-puissance qu'a un général sur ses troupes.
Il était brave, mais il ne savait point la guerre.

M. de Montmorency donnait aussi beaucoup
à Mme la Princesse, et le cardinal lui ayant
manqué après ce frère, elle se trouva bien mal
à son aise. Le cardinal fut le seul qui ne
l'abandonna pas à la disgrâce de M. de Montmorency. Mme de La Trimouille dit qu'elle
était de leurs divertissements ; que Mme la
Princesse et M. le Càrdinal, quand ils voulaient
parler seuls, étaient dans le cabinet, la porte
ouverte, que tout le monde les voyait ; les
autres dansaient et jouaient.

Mme la Princesse était une des plus lâches
personnes qui fût jamais. Elle disait à
Mme d'Aiguillon : « Jésus, Madame, que je serais aise de vous céder si vous épousiez Monsieur ! » En revanche, quand elle menait quel-

qu'un elle était la plus civile du monde. Un jour qu'elle mena Mme de La Trimouille à je ne sais quelle fête au Louvre, la Reine l'appela dans sa garde-robe où personne n'entre que les princesses. Elle s'excusa, disant : « J'ai amené Mme de La Trimouille, je n'irai nulle part où elle ne puisse entrer. » On fit sur elle un vaudeville que voici :

> La Combalet et la Princesse
> Ne pensent point faire de mal
> Et n'en iront point à confesse
> D'avoir chacune un cardinal (1).
> Car laisser lever leur chemise
> Et mettre ainsi leur corps à l'abandon
> N'est que se soumettre à l'Église,
> Qui, en tout cas, leur peut donner pardon.

(1) Mme de Combalet, depuis duchesse d'Aiguillon, était la nièce de Richelieu. Voir dans TALLEMANT DES RÉAUX, *op. cit.*, III, pp. 12-22, l'*Historiette de Mme d'Aiguillon* : « ...On a fort médit de son oncle et d'elle. Il aimait les belles femmes et craignait le scandale. Sa nièce était belle et on ne pouvait trouver étrange qu'il vécût familièrement avec elle. Effectivement, elle en usait peu modérément ; car, à cause qu'il aimait les bouquets, elle en avait toujours et l'allait voir la gorge découverte. Un soir, qu'il sortait assez tard de chez Mme de Chevreuse : « Ne laissons pas, dit-il, « d'aller chez ma nièce, car, que dirait-elle, si je n'y allais !... » Gautier dit délicatement en parlant du crédit qu'elle avait sur son oncle : « Samson n'avait plus de force quand il « était dans les bras de cette Dalila »... Madame la Princesse avait recherché l'amitié de Madame d'Aiguillon pour avoir la protection du Cardinal, car elle craignait que son mari ne la confinât à Bourges. Elle appelait le cardinal de la Valette *mon époux*, et lui, *mon épouse*... » Louis Nogaret d'Épernon,

Je sais qu'on a voulu dire que M. de Chavigny, qui en sa jeunesse, avait eu entrée chez Mme la Princesse, avait eu aussi quelque part à ses bonnes grâces du temps du cardinal de La Valette ; mais il n'en est rien. On a cru cela à cause que qui a un galant en peut bien avoir deux ; mais, outre que le cardinal ne l'eût pas souffert, ou que du moins cela eût mis du divorce entre elle et lui, c'est que Mme la Princesse n'eût pas enduré volontiers les galanteries d'un homme de la ville.

Cependant Mme de La Trimouille dit qu'un jour elle vit sortir Mme la Princesse fort en désordre d'une ruelle de lit où elle était avec Chavigny et que jusques alors elle n'avait eu aucune mauvaise opinion d'elle.

Le cardinal de La Valette avait quelquefois de plaisantes visions. Un jour il disait qu'il voudrait être *montagne*. — Et moi, je voudrais être *Soleil*, dit Mme de Rambouillet. —*Soleil !* *Soleil*, reprit-il, ne l'est pas qui veut ». Comme s'il était plus aisé d'être montagne que soleil !

cardinal de La Valette (1593-1639), était né à Bourges. En 1628, il abandonnait l'archevêché de Toulouse et « se dévouait » à Richelieu pour le « servir dans les armées ». Il fut gouverneur de Metz, puis d'Anjou, commanda les troupes qui se joignirent sur le Rhin au duc de Weimar. En 1638, il remplaçait Créqui à l'armée d'Italie. Ses *Mémoires* ont été rédigés par Jacques Talon.

Il croyait, une fois, avoir fait des vers, et voici ce qu'il avait fait : c'était sur l'air d'un vaudeville. Ce cardinal était meilleur dans le sérieux que dans la raillerie :

> M'en allant en Tourraine,
> J'achèterai à Tours
> Des pruneaux de Tourraine
> De bons pruneaux de Tours ;
> Puis revenant en Beauce
> J'irai à Chartres, en Beauce,
> Et puis à Orléans,
> Voir Monsieur d'Orléans.

J'ai appris depuis peu de Mme de La Trimouille, une chose que Mme de Rambouillet ne m'a jamais voulu avouer, que quand je l'ai sue ailleurs ; c'est qu'un jour le cardinal de La Valette demanda la dernière faveur à Mme la Princesse, qui l'en refusa. De désespoir il alla se mettre incognito dans Saint-Louis, où il y avait des pestiférés. Il menait avec lui un confident, à qui il donna un billet pour la belle, qu'il avait apporté tout fait. Le confident n'entra point. Elle dit à Mme de La Trimouille que, de sa vie, elle ne fut plus embarrassée. Il en sortit par son ordre. Le reste est aisé à deviner. Il aima depuis Mlle de Bourbon, — duchesse de Longueville, — aussi fortement qu'il avait aimé sa mère.

LES

AMOURS

DE

HENRI IV

ROI DE FRANCE

A AMSTERDAM

MDCCLIV

LES AMOURS DE HENRI IV [1]

Nous ne donnons ici que la dernière partie du volume, partie consacrée spécialement au *dernier amour d'Henri IV* et, servant alors d'appendice. On verra que le récit, sauf quelques fioritures, si nous pouvons ainsi dire, est scrupuleusement exact dans son ensemble, sous couleur de roman ingénieux et d'une psychologie de surface, mais assez fine.

Sur ces amours nous pourrions signaler aussi : *Histoire des amours du grand Alcandre, en laquelle se lisent, sous des noms empruntez, les adventures amoureuses d'un grand prince du siècle dernier.* Paris, Guillemot, 1651, in-4°; mais ce petit livre écrit par la princesse de Conty, Marie-Louise de Lorraine,

---

(1) Nous avons modernisé l'orthographe, mais scrupuleusement conservé le style.

est d'une lecture d'autant plus ennuyeuse qu'il faut sans cesse rechercher ou deviner les personnages réels mis en scène sous leurs *noms empruntez*.

Depuis que le roi avait été contraint de revenir à ses anciennes maîtresses, il partageait ses soins entre la marquise de Verneuil (1) et la comtesse de Moret (2). Ces deux belles qui avaient chacune leur favori souffraient ce partage assez volontiers. L'une était aimée du duc de Guise et l'autre du prince de Joinville. Le roi revenait de la frontière lorsqu'il apprit le

(1) Rappelons, bien qu'ayant dans la première partie présenté les personnages, que Catherine-Henriette de Balzac d'Entragues, fille de Marie Touchet, maîtresse de Charles IX, fut l'une des maîtresses les plus retentissantes de Henri IV, qui même, lui promettait le mariage si, dans la première année de leur liaison, elle accouchait d'un fils. Sully déchirait l'écrit contenant la promesse. La marquise de Verneuil était acariâtre, de commerce désagréable et se mêlant de manière suspecte aux intrigues de l'Espagne contre la France. Un jour Henri IV, lassé de ses continuelles disputes avec la reine, sa femme légitime, abandonnait la maîtresse. — Voir MERKE, *la Marquise de Verneuil et la mort de Henri IV*, Plon, 1912 ; — THARAUD, *la Tragédie de Ravaillac*, 1913, Émile-Paul.

(2) Voir à la fin du volume l'*Historiette de la Marquise de Moret*, par TALLEMANT DES RÉAUX.

cruel déplaisir arrivé à la reine Marguerite par
la mort de Julien Dat (1), amant qui lui était

(1) Dat, bombardé de Saint-Julien, un de ses écuyers
qu'elle aimait plus que passionnément, même à l'âge où
l'amour ne la devait plus occuper. Dat avait été assassiné
par Vermond, fils d'une de ses anciennes dames d'honneur.
Le poignard avait eu pour guide la jalousie. Dans la poche
de Vermont on trouvait trois signes cabalistiques : pour se
faire aimer, pour avoir de l'argent, pour vivre le plus longtemps possible. D'où l'accusation facile de sorcellerie.
Vermond, n'ayant que dix-huit années, fut décapité le
5 juin 1606, devant l'hôtel de Sens, — aujourd'hui n° 1, rue
du Piquier. — D'une fenêtre, « la reine Margot » assistait au
supplice. Mais ses forces l'abandonnant, elle s'évanouissait
et, la nuit venue, elle abandonnait l'hôtel pour n'y plus revenir.

Les consolations de Henri IV à sa femme divorcée furent
assez ironiques. « Bah ! lui disait-il, ne manquent point
d'aussi braves gens, d'aussi galants écuyers à la cour et
quand vous en aurez affaire, vous en trouverez plus d'une
douzaine qui le valent bien !» — Alors, ce quatrain qui
courut aussitôt :

> Reine de qui l'amour surpassa la vertu,
> Cadette de Vénus, déesse demi-morte,
> Ne regrettez point tant un laquais revêtu,
> L'on vous en trouvera au Palais, de la sorte.

Mais peut-être pas aussi facilement. L'ancienne reine a
cinquante-cinq ans ; son embonpoint est énorme ; l'eau de
cire et de chaux qu'elle alambiquait pour son visage, ne
pouvait plus cacher ses imperfections, et l'huile de jasmin
dont elle oignait, chaque soir, son corps, déguisait mal le
parfum désagréable de ses sueurs. En outre, elle était en
proie à la couperose, aux mauvaises plaques qui détériorent
la peau. Chauve, elle portait perruque blonde, dont les
cheveux provenaient de ses laquais blonds qu'elle faisait
ondre : « De ces cheveux-là, dit Tallemant des Réaux, elle
en avait toujours plein les poches, de peur d'en manquer :

fort cher. Il envoya Bassompierre pour la complimenter sur cette perte, en même temps, le chargea de deux lettres pour ses deux maîtresses. Bassompierre commença sa commission par Mme de Verneuil parce qu'il était en commerce de galanterie avec Mlle d'Entragues, sœur de la marquise, qui logeait avec elle, et, comme on n'a rien de secret pour ce qu'on aime, il fut assez imprudent pour dire à Mlle d'Entragues qu'il avait également une lettre pour la comtesse de Moret. La marquise ne manquait pas de curiosité. C'est le péché originel des femmes. Elle voulut la voir et lui fit commander par sa sœur de la lui donner. Le moyen de dissimuler cette lettre après avoir donné son cœur? Bassompierre donnait donc la lettre et trahissait son maître pour ne pas déplaire à sa maîtresse. La marquise la lut et la lui rendit en lui disant que pour se tirer d'embarras il n'avait qu'à faire un cachet semblable à celui du roi et recacheter la lettre.

Bassompierre voyant que c'était le plus court envoya, le lendemain, son valet de chambre chez un graveur, pour faire un cachet et,

et aussi, bien qu'horriblement grosse, elle faisait faire ses carrures et ses corps de jupe plus larges qu'il ne le fallait... Il y avait bien des portes où elle ne pouvait passer.» I, p. 163 de l'édition Garnier. Voir aussi Sanine, *la Vraie Reine Margot.*

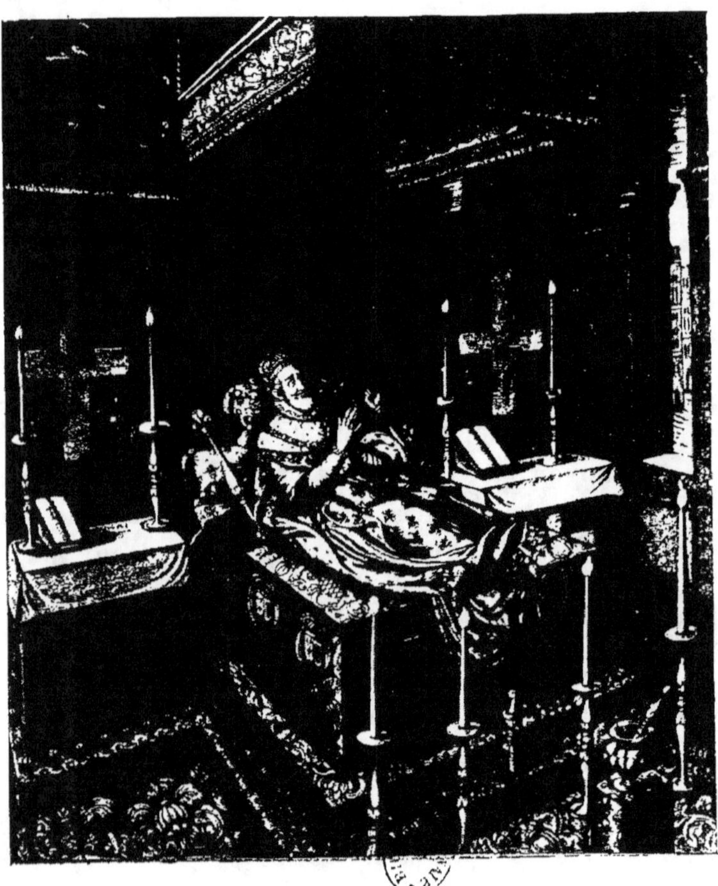

HENRI IV SUR SON LIT DE MORT

(Bibliothèque Nationale)

comme souvent tout arrive à contre-poil,
lorsqu'une fois on s'est jeté dans un mauvais
pas, cet homme alla justement chez celui qui
avait fait le cachet du roi. Le graveur croyant
la chose plus mystérieuse qu'elle ne l'était dans
le fond, demanda la lettre comme s'il voulait
examiner l'empreinte du cachet, se jeta en
même temps sur le porteur et le prit au collet
dans le dessein de l'arrêter.

Ce garçon plus vigoureux que le graveur se
débarrassait aux dépens de son chapeau, de son
manteau, qui demeurèrent en gage, et aussitôt
rejoignit la maison de son maître, qui ne fut
pas moins surpris de l'aventure que son valet.
Après avoir rêvé quelque temps à ce qu'il devait faire, il disait à son domestique de se cacher et prenait le parti d'aller chez Mme de
Moret. Il lui raconta que recevant un billet
qu'il n'avait su lire d'abord, d'une dame de ses
amies, il avait ensuite décacheté la lettre qu'il
lui portait de la part du roi, pensant que ce
fût celle de son amie et craignant qu'elle ne
l'accusât de s'être équivoqué à dessein il avait
voulu faire imiter le cachet de Sa Majesté, pour
la recacheter, et lui détailla l'aventure de son
valet et de Turpin, c'est le nom du graveur,
finissant par la prier d'envoyer lui demander
la lettre.

La comtesse, à qui cette équipée ne tenait pas fort au cœur, se divertissait de l'aventure, en riant avec Bassompierre, et, sans entrer dans de plus grands éclaircissements, elle envoyait aussitôt demander la lettre à Turpin. Le fidèle graveur répondit qu'il n'en était plus le maître et l'avait envoyée au président de la Tournelle, M. de Séguier (1). La comtesse ni Bassompierre n'ayant aucune habitude avec ce président, qui était un homme pointilleux et bourru, songèrent à autre chose pour se tirer de cet embarras. Après bien des expédients ils ne trouvèrent rien de meilleur que de prier Mme de Loménie d'employer son influence pour terminer cette affaire, soit en retirant la lettre des mains du président, ou en obligeant son mari, secrétaire du roi, d'en parler à Sa Majesté.

Bassompierre, après cette résolution, sortit de chez la comtesse et courut chez Mme de Loménie (1) qu'il trouva fort embarrassée à faire ses dépêches pour la Cour. Elle le pria de s'asseoir jusqu'à ce qu'elle eût achevé la lettre fort importante qu'elle écrivait à son mari. Se doutant que cette lettre regardait son affaire, il lui demanda s'il était arrivé quelque chose de si

(1) Anne d'Aubourg, mariée à Antoine de Loménie, seigneur de la Ville-au-Clerc, secrétaire d'État.

pressé qu'elle ne pût lui donner un moment
d'audience. Mme de Loménie répondait qu'elle
venait d'apprendre qu'on avait voulu contrefaire le cachet du roi, que celui qui en avait
eu le dessein s'était sauvé, mais qu'on avait la
lettre écrite par le roi même ; qu'elle écrivait
à son mari, afin qu'il sût du monarque à qui
la lettre s'adressait et à qui il l'avait confiée,
pour ensuite, pouvoir développer ce mystère.
Comme elle en faisait une grosse aventure elle
ajouta qu'elle donnerait deux mille écus pour
avoir sur cela des lumières assurées. Bassompierre tout intéressé qu'il était, ne put s'empêcher de rire lorsqu'il vit que Mme de Loménie
traitait si sérieusement une bagatelle, et lui
dit qu'à meilleur marché il lui donnerait satisfaction. Là-dessus il lui conta la chose comme
il l'avait contée à la comtesse de Moret.
Mme de Loménie était amie intime de Bassompierre, son mari l'aimait tendrement
aussi, de sorte qu'elle lui promettait d'étouffer
l'affaire pourvu qu'il voulût aller lui-même à
Villers-Cotterets où le roi devait être le lendemain, et se charger d'une autre dépêche qu'elle
allait faire à M. Loménie sur le même sujet,
pour l'informer de ce qu'il venait de lui dire.
Bassompierre accepta ; puis ayant pris la réponse de Mme de Verneuil et celle que la

comtesse de Moret faisait à une lettre qu'elle n'avait pas reçue, partait pour Villers-Cotte rets, où le roi était arrivé déjà, se réjouissant avec la comtesse de cette aventure et de l'inquiétude qu'elle avait donnée au marquis (1).

Le roi avait mille sujets de n'être pas content des Espagnols qui se trouvaient dans toutes les conspirations faites contre sa personne. Il croyait que sa vie serait plus en sûreté s'il leur faisait une guerre ouverte, parce qu'ils lui tendaient tous les jours quelque piège dans lequel, tôt ou tard, il risquait de donner. Aussi, songeait-il constamment à ruiner une maison plus ennemie de sa personne en particulier, qu'elle ne l'était de la France, en général. Mais il avait le défaut des cœurs tendres : celui de n'avoir rien de secret pour

(1) Rien de plus exact que cette aventure racontée par Bassompierre, que dans son récit notre auteur suit presque textuellement. « Je m'en reviens donc à Paris — orthographe modernisée — voir ma maîtresse qui était logée en la rue de la Coustellerie, où j'avais une entrée par laquelle j'entrais au troisième étage du logis, que sa mère n'avait point loué, et elle par un degré dérobé de sa garde-robe me venait trouver lorsque sa mère était endormie. » *Mémoires de Bassompierre*, t. I, p. 170, éd. du Marquis de Chanterac, Société de l'Histoire de France, Paris, MDCCCLXX. De Mlle d'Entragues que Henri IV aurait..., — voir l'expression dans TALLEMANT DES RÉAUX, *Historiette de Bassompierre*, t. V, p. 200, éd. Garnier. — Bassompierre eut un fils, appelé d'abord « M. l'abbé de Bassompierre », puis « M. de Xaintes ».

les femmes. Il avait communiqué ce projet à la
reine qui n'était déjà que trop bien avec les
Espagnols (1), et travaillait alors constamment à l'en détourner, le sollicitant, au contraire, d'entrer en ligue avec eux et avec le
pape. Ce grand dessein ne l'empêchait point de
faire d'excessives dépenses en bâtiments, au
jeu, en maîtresses. Ceux qui cherchent toujours des mystères dans les actions des princes
ont voulu dire qu'il le faisait exprès afin que
son exemple jetât les grands du royaume sur
ces écueils et qu'étant occupés à ces vains
amusements, efféminés par les voluptés, et in-
commodés par ces dépenses, ils n'eussent ni le
temps ni les moyens de former des séditions.
Si ce fut là son intention, on peut dire qu'il fit
ce qu'il voulait faire, car il y en a qui firent de
si grosses pertes au jeu qu'ils n'étaient pas en
état, lors même qu'ils l'eussent voulu, de faire
des remuements. Mais ces choses regardent
plutôt l'histoire de Henri IV, que ses amours.
Aussi, ceux qui voudront savoir à quoi les
grands desseins aboutissaient et les méconte-

(1) Par ses affinités, la Florentine Marie de Médicis a du
sang espagnol dans les veines, comme aussi d'ailleurs
Anne d'Autriche, qui sera la femme de Louis XIII: question de race et de tempérament à laquelle se heurtera Richelieu. L'une de ses rancunes contre *le Cid* venait de ce
que Corneille y mettait l'Espagne sur le pavois.

ments d'une grande partie du royaume n'ont qu'à consulter les historiens.

Alors le roi était à Saint-Germain, avec le prince de Conti, les ducs de Montpensier et de Vendôme (1). En revenant à Paris dans le carrosse du roi, ils pensèrent se noyer en traversant la Seine. Il n'y avait point, en ce temps, de pont à Neuilly et l'on passait la rivière dans un bac. En entrant l'un des chevaux tombait dans l'eau et entraînait le carrosse dans un endroit assez profond. Les gentilshommes qui suivaient à cheval se jetèrent d'abord dans la rivière et sauvèrent heureusement le roi ; puis ils coururent au reste qu'ils sauvèrent aussi. La reine fut le plus en danger. La Chataigneraie la retira. Quelque temps après récompensé d'une compagnie de ses gardes. La marquise de Verneuil, à son ordinaire, égaya malicieusement son esprit sur cette aventure et dit au roi, la première fois qu'elle le voyait, que si elle avait été de la partie, lorsqu'elle aurait vu Sa Ma-

(1) Vendôme, le fils du Roi et de Gabrielle d'Estrées, né en 1594. Son petit-fils fut le célèbre maréchal de France, qui, Louis XIV régnant, s'illustrait dans la guerre de la Succession d'Espagne et sur lequel Saint-Simon raconte certaines histoires savoureuses, ou plutôt, singulièrement réalistes.

Le duc de Montpensier jouait dans la Ligue un rôle énorme, il suffira de renvoyer aux historiens.

jesté hors de danger elle aurait crié : *La reine
boit*. Les cours ne manquant jamais ni d'es-
pions ni de flatteurs, cette raillerie fut rappor-
tée à la reine. Elle se mettait en si grosse colère, qu'elle fut plus de quinze jours sans vouloir parler au roi. Ce fut un opéra pour les
raccommoder. Après qu'ils se furent réconciliés
on proposait un ballet dont la reine voulait être.
Mais le roi ayant souhaité que la comtesse de
Moret en fût la reine ne voulut jamais et rompit ainsi la partie.

Le prince de Joinville (1), revenu de son
voyage, continuait toujours son commerce avec
Mme de Moret qui ne lui était pas cruelle. Mal-
heureusement le roi en fut averti et eut avec la
comtesse de Moret d'assez grandes discussions.
Il lui reprocha de manière insultante son infidélité. La comtesse, se voyant convaincue, se
contenta de dire, pour s'excuser, que le prince
avait promis de l'épouser. Le roi, persuadé que
qui pouvait faire une infidélité pouvait bien
faire un mensonge, voulut s'éclaircir de la vé-

____

(1) L'événement arrivait le 9 juin 1606. Voir *Mercure français*, I, p. 107. — Il ne faut pas s'étonner de voir le bâtard
du roi à côté de la reine. Henri IV faisait élever ensemble
légitimes et illégitimes. Sur cette promiscuité singulière, de
curieuses anecdotes seraient à raconter. Voir MÉRAC, *Rois,
Beaux-esprits et Grandes dames*, t. II, au chapitre « Louis XIII »,
éd. Albin Michel.

rité. Alors il envoyait chercher la duchesse de Guise à laquelle il reprocha l'imprudence de son fils, menaçant même de le faire punir s'il retombait dans la même faute et s'il ne réparait celle déjà commise en épousant la comtesse. Il ajouta qu'il ne trouvait pas mauvais qu'on recherchât ses maîtresses pour le mariage, mais qu'il ne prétendait pas qu'on se servît de ce prétexte pour cacher des intrigues criminelles, et que s'il traitait avec indulgence le prince de Joinville, c'était en faveur de la parenté entre elle et lui. De fait, la princesse était sa cousine germaine, fille de Marguerite de Bourbon sa tante. La duchesse de Guise, d'un naturel fier, recevait mal les honnêtetés du roi, lui répondant d'une manière un peu haute ce qui acheva de l'irriter et le mettait en si mauvaise humeur qu'il ordonnait qu'on arrêtât le prince de Joinville. Mais le prince ayant connu l'emportement du monarque avait déjà pris le large. Ses parents tâchèrent de ramener le roi. Tout ce qu'il put obtenir c'est que la témérité du prince demeurerait impunie pourvu qu'il sortît du royaume et n'y revînt plus. Il obéissait, et ne fut rappelé de son exil que sous le règne suivant (1).

(1) Claude de Lorraine, fils puiné d'Henri de Lorraine, duc de Guise et de Catherine de Clèves, comtesse d'Eu.

Le roi, songeant à oublier l'infidélité de la comtesse, jeta les yeux sur la duchesse de Montpensier qui n'était veuve que depuis quelques jours, s'imaginant qu'étant aimé d'une princesse il ne courrait pas les mêmes risques d'être trompé. La belle était alors à la campagne. Il chargeait donc le comte de Cramail (1),

Fut d'abord prince de Joinville et devint ensuite duc de Chevreuse, par suite du délaissement à lui fait de ce duché (avril 1606) par le duc de Guise, son frère. Tous deux fils du Balafré, l'un des instigateurs de la Saint-Barthélemy, assassiné à Blois, en 1588, par ordre du roi Henri III.

— « ...On ne les surprit pas ensemble, mais le Roi en découvrait assez pour chasser M. de Chevreuse de la Cour, et en eût fait autant d'elle si elle n'eût été sur le point d'accoucher. Le temps raccommoda l'affaire ». *Mémoires de Bassompierre*.

Ce passage est, ici, la reproduction textuelle des *Amours du Grand Alcandre*, — p. 30 de l'édition in-4° de 1651 — où M. de Moret figure sous le nom d'Alcmène et le prince de Joinville, sous le nom de Filizel.

(1) Adrien de Montluc, — petit-fils du célèbre maréchal — comte de Cramail, prince de Chabannais. Mis à la Bastille après la journée des Dupes, y restait enfermé dix ans. Est de lui la *Comédie des Proverbes*, une pièce restée encore amusante. « Le comte de Cramail, dit Tallemant, arrivait en un temps où il ne fallait pas grand'chose pour être un bel esprit. Il écrivait un livre : *les Jeux de l'inconnu* ; mais ma foi, ce n'est pas grand'chose. Il a toujours été galant, dansait bien et était bien à cheval... Pour un camus ç'a été un homme de fort bonne mine. Il avait épousé l'héritière de Carmain, grande maison de Gascogne, qui pensait se marier au comte Clermont de Lodève, un fort pauvre homme. Elle eut un tel chagrin d'avoir épousé Cramail au lieu de lui, qu'en douze ans de mariage elle ne lui dit jamais que oui et non. De chagrin elle se mettait au lit, et

son voisin, d'en faire la première ouverture. Le comte, très bien de sa personne, ne manquant ni d'esprit, ni de courage, se chargea d'autant plus volontiers de la commission qu'il espérait en profiter lui-même en cas que la princesse acceptât le parti. Mais, ayant senti, dès le commencement de la conversation, qu'elle n'était pas disposée à rien faire contre son honneur, il ne s'en ouvrit pas davantage et se renfermait à l'attirer à la Cour pour donner au roi une espèce de satisfaction. Cependant, il n'en fut rien de mieux et trouva si peu d'apparence de réussir dans ce dessein qu'il l'abandonna complètement.

Mme de Verneuil, qui vécut avec le roi, tantôt bien, tantôt mal (1), et qui réglait ses caprices sur ses intrigues particulières, profita du mauvais succès du roi auprès de ses maî-

on ne lui changeait de draps que quand ils étaient usés. Elle est morte de mélancolie. »

(1) Plutôt mal. Nous avons dit quel était son caractère difficile et que ses nombreuses discussions avec le roi se terminaient par un « lâchage ».

« Cette marquise de Verneuil avait de l'esprit, mais elle était fière et ne portait guère de respect ni à la reine, ni au roi... Enfin le roi rompit. Elle se mettait alors à faire une vie de Sardanapale ou de Vitellius : elle ne songeait qu'à la mangeaille, qu'à ses ragoûts, et voulait même avoir son pot dans sa chambre. Elle devint si grasse, qu'elle en était monstrueuse. On lui ôta ses enfants. Sa fille fut nourrie au près des filles de France, TALLEMANT DES RÉAUX.

tresses et triompha de toutes ses rivales quoique depuis peu la comtesse de Moret lui eût donné un fils qui fut Antoine de Bourbon, comte de Moret, tué sous le règne suivant, à la bataille de Castelnaudary, dans l'armée du duc de Montmorency (1). La marquise de Verneuil, s'imaginant que le roi l'aimerait davantage si elle pouvait lui mettre une fois la jalousie en tête, fit courir le bruit que le duc de Guise voulait l'épouser et fit même publier les bans à l'insu de ce prince, qui, ne songeant pas à elle, en voulait à Mlle d'Entragues sa sœur. Cependant il n'en était pas aimé. Bassompierre était le favori et passait presque toutes ses nuits avec elle.

Le Roi, selon les désirs de la marquise, était devenu jaloux. Averti qu'on voyait toutes les nuits entrer un homme chez Mme d'Entragues, il crut que ce ne pouvait être que le duc de Guise qui s'allait divertir avec son infidèle. Il voulut s'en s'éclaircir par lui-même. L'étonnement où il vit le duc, aux premières paroles qu'il lui en dit, guérissait entièrement ses soupçons et Sa Majesté en fut si satisfaite et si persuadée de son innocence qu'elle lui recommanda d'être aux écoutes et de débrouiller ces

(1) Voir à la fin du volume, l'*Historiette de Mme de Moret*.

visites nocturnes. Dès le soir même il mettait
plusieurs personnes en campagne. Il y en eut
qui virent entrer Bassompierre par son chemin ordinaire. Mais l'obscurité, le manteau
dont il était enveloppé les empêchèrent de
vraiment le reconnaître. Tout ce qu'ils purent
remarquer fut l'ordre du Saint-Esprit sur son
manteau qu'il avait emprunté à Bellegarde (1),
avec lequel il avait soupé, pour se garantir
d'une grosse pluie qui survint précisément,

(1) Roger de Lary, seigneur et, depuis, duc de Bellegarde.
Mort en 1646, âgé de 83 ans. Appelé Monsieur le Grand, parce
qu'il était grand écuyer de France. Voir l'*Historiette du duc
de Bellegarde*, dans TALLEMANT DES RÉAUX, I, éd. Monmerqué,
Paris, Garnier, qui dit : « Il avait le port agréable, était bien
fait et riait de bonne grâce. Son abord plaisant, mais, hors
quelques petites choses qu'il disait assez bien, tout le reste
n'était rien qui vaille. Ses gens étaient toujours déchirés
et, hors que ce fût pour quelque entrée, ou pour quelque
autre chose semblable, il n'eût pas voulu faire un sou de
dépense. Mais dans les occasions d'éclat, la vanité l'em
portait. Il n'était point trop bel homme à cheval, à moins
que d'être armé, car cela le faisait tenir plus droit. Il était
grand et fort, et portait fort bien les armes. Je n'ai que
faire de dire que sa beauté lui servit fort auprès de Henri III,
à faire fortune... Jamais il n'y eût un homme plus propre,
il était de même pour les paroles. Il ne pouvait entendre
nommer un pet. Une nuit il eut une forte colique venteuse.
Il appela ses gens et se mit à se promener ; et en se pro-
menant, il pétait. Yvrande, garçon d'esprit qui était à lui, y
vint comme les autres, mais il se cacha. M. de Bellegarde
l'apercevait à la fin. — Ah ! vous voilà, y a-t-il longtemps
que vous y êtes ? — Dès le premier, Monsieur, dès le premier ! — M. de Bellegarde se mit à rire et cela le guérissait... »

dans le temps qu'il voulut s'en retourner chez
lui. Ces gens allèrent dire au duc de Guise
qu'ils avaient vu passer par la porte de derrière un jeune chevalier. Le duc, qui ne pouvait faire aucun jugement certain sur ce rap-
port, envoya deux de ses domestiques sur les
lieux pour reconnaître à la sortie son heureux
rival. Bassompierre s'apercevant qu'on l'obser-
vait se cacha du mieux qu'il put, de sorte que
ceux-ci ne purent dire à leur maître que ce que
les autres lui avaient déjà dit. Rêvant longtemps sur cette aventure, il en concluait enfin
que ce ne pouvait être que Bellegarde. Bassompierre, de son côté, ne manqua point de
faire avertir Mlle d'Entragues de ce qui était
arrivé, afin qu'elle se préparât à répondre au
duc de Guise comme elle le jugerait à propos.

Le duc de Guise, encore plus jaloux que le
Roi, ne pouvant demeurer dans cette incerti-
tude, alla dès le matin chez Bellegarde, qui ne
fut pas visible. On lui dit pour excuse qu'il
avait passé une très mauvaise nuit à cause
d'une violente douleur de dents qui ne lui avait
pas laissé le plus petit moment de repos, et
qu'il ne serait en état d'être vu que le soir. Il
n'en fallut pas davantage pour confirmer le duc
de Guise dans ses soupçons. Il crut qu'ayant
été toute la nuit en mouvement il avait besoin

de dormir le jour. Il passa chez Bassompierre qui était au lit et qu'il faisait lever en robe de chambre afin de pouvoir lui dire tête à tête le sujet de son inquiétude.

Bassompierre, à qui la visite d'un rival n'annonçait rien de favorable, se leva tout aussitôt, ne doutant pas qu'il ne fût découvert. Il se rassura bientôt et ses craintes ne durèrent qu'autant que le silence du duc.

« Croiriez-vous, marquis, lui dit-il, que le grand écuyer est mieux que vous, et même mieux que personne, dans l'esprit de Mlle d'Entragues. Que diriez-vous si l'on vous assurait qu'elle partage toutes ses nuits avec ce cavalier? — Je vous dirais que c'est un conte, répondit froidement M. de Bassompierre; il n'est pas possible que cela soit et je sais qu'ils ne s'aiment ni l'un ni l'autre. — Que l'on croit aisément ce que l'on souhaite! répondit le duc. Il n'y a pas longtemps que j'étais prévenu en sa faveur comme vous l'êtes à présent. Soyez certain, et je le sais, que M. le Grand a passé cette nuit avec elle et qu'il n'en est sorti qu'à quatre heures du matin. On le vit entrer et mes valets de chambre remarquèrent qu'il se mettait si peu en peine de cacher son bonheur qu'il ne s'est pas soucié de faire voir la croix de l'ordre qui était à son manteau. »

Ces amants se promenaient toujours à grands
pas, s'entretenant du bonheur imaginaire de
Bellegarde, lorsque Bassompierre apercevait
le manteau qui l'avait fait méconnaître. Et
comme la croix paraissait tout entière, il eut
peur que ce témoin irréprochable ne trahît son
secret, et il s'assit dessus. Le duc, qui n'avait
rien remarqué, voulut le faire lever et l'obliger
à se promener; mais il eut l'adresse de lui
donner le change et de demeurer sur son manteau jusqu'à ce qu'un valet de chambre, qui
était aux écoutes et, selon toute apparence, savait son secret, vint et emporta le manteau dans
le temps que le duc avait le dos tourné (1). A

(1) Rien de plus exact que cette amusante histoire du
manteau. — « Oh ! que les amoureux sont faciles à tromper,
dit Bassompierre, dont — comme précédemment — nous ra-
jeunissons l'orthographe. — Je l'ai cru comme vous et, cependant, il est fort vrai qu'il a été toute la nuit avec elle et
n'en est sorti qu'à quatre heures du matin. On lui a vu
entrer et les valets de chambre et mes valets de chambre,
même, l'en ont vu sortir avec tant de négligence qu'il n'a
pas seulement voulu prendre un manteau sans croix de
l'Ordre, pour se déguiser. — ...Je m'en allai m'asseoir dessus de peur qu'il ne s'aperçût de cette croix, et faisant
l'affligé comme lui et disant mille choses contre la légèreté
de d'Entragues, je ne me voulus lever de dessus ce manteau,
quoique M. de Guise me priât de me promener avec lui,
jusqu'à ce j'eus dit à mon valet que comme M. de Guise se
tournerait, il emportât ce manteau pour le cacher, de peur
qu'apercevant cette croix, mon amour et ma bonne fortune
de la nuit passée ne fût aussi aperçue... » *Mémoires de Bassompierre.*

tant de circonstances Bassompierre fit très
fort l'étonné et pesta de tout son cœur
contre la légèreté du sexe en général, dau-
bant Mlle d'Entragues, l'appelant un caméléon.
Le duc en faisait autant de son côté, puis il
sortit.

Il ne s'était pas plutôt en allé que Bassompierre faisait savoir à Mlle d'Entragues l'erreur où était le duc. Cette belle qui était de
bonne race et ne manquait point d'expérience,
prit la résolution de l'y confirmer, faisant en
sa présence mille signes d'intelligence à Bellegarde. Le duc de Guise l'en railla. M. le
Grand, bien aise de l'entretenir dans son erreur,
lui répondit d'une manière ambiguë. Bassompierre rendit compte de la conversation avec
Mlle d'Entragues qui fut fort contente de la
conduite. Elle le pria de continuer sur le
même pied, l'assurant qu'ils y trouveraient tous
les deux les avantages qu'ils pouvaient espérer, en ce que les soupçons du duc de Guise
et du Roi tomberaient sur Bellegarde. Ils firent avertir Mme d'Entragues du commerce
que sa fille avait avec le grand écuyer et cela
fut cause qu'elle l'observa de plus près. Un
matin, voulant tirer le rideau pour cracher, elle
voyait le lit découvert de sa fille, et qu'elle n'y
était pas. Se doutant de ce qui était, elle passa

dans sa garde-robe d'où elle vit que la porte
de l'escalier dérobé qu'elle croyait condamnée
était ouverte. Elle cria. Sa fille qui reconnut
sa voix se leva d'auprès de Bassompierre au
plus vite et vint à elle. Mme d'Entragues la
régala d'abord de quelques soufflets et, après
que sa colère fut un brin apaisée, elle se fit en-
foncer la porte de cet escalier que Bassompierre avait fermée pour avoir le temps de s'ha-
biller. Cette porte étant ouverte, elle monta
précipitamment jusqu'au premier étage et demeura fort surprise de n'y voir personne et
encore plus de voir la chambre du rendez-vous
si magnifiquement meublée.

Ce contre-temps aurait fini leur commerce si
l'amour qui ne manque point d'expédients ne
leur avait appris le moyen de se voir ailleurs,
avec plus de sûreté. « Cependant, ce mal pro-
duisit un grand bien puisqu'il guérissait le
Roi des soupçons qu'il avait eus de l'intrigue du
duc de Guise avec Mme de Verneuil. Ce
prince n'en vivait guère plus content. La marquise, toujours capricieuse et s'imaginant que
le Roi ne l'aimait que par nécessité parce qu'il
ne trouvait personne qui la valût, lui faisait à
tout moment de nouveaux chagrins, ou pour
avoir le plaisir de le faire enrager ou pour
l'obliger, par ces difficultés, à l'aimer davan-

tage. La Reine était de plus mauvaise humeur
que jamais et ce désordre domestique troublant
les désirs les plus purs ne lui laissait pas un
instant de repos. Les dédains vrais ou faux de
la marquise ne faisaient qu'augmenter sa passion, et ces démarches qu'il faisait pour la
revoir, les traits de la satire dont cette marquise était si libérale semblaient autant d'allu-
mettes nouvelles enflammant la jalousie de la
Reine. A toute minute elle faisait éclater sa
fureur et son ressentiment. Sully et quelques
autres confidents du Roi travaillaient inutilement à ramener l'épouse et la maîtresse. Ils
représentaient à celle-ci que le Roi sans doute
en aimerait une autre et lui enlèverait ses enfants qu'il ferait enfermer dans un cloître. En
effet, il tâchait de vaincre sa passion en chan-
geant d'objet (1). Il revenait à la comtesse de
Moret, et presque en même temps il aima
Mlle des Essarts (2). D'un autre côté les mêmes

(1) « Henri IV avait eu quantité étrange de maîtresses : il
n'était pourtant pas grand abatteur de bois, aussi était-il
toujours cocu... » TALLEMANT DES RÉAUX.
(2) Charlotte des Essarts, comtesse de Romorantin, fille
de François des Essarts et de Charlotte de Harlay. — De
Henri IV, elle eut deux filles, dont l'une épousait le maréchal de l'Hôpital. — « En ce voyage, le roi étant à la
chasse se détourna pour aller voir Mme des Essarts, qui
était chez sa tante, l'abbesse de Sainte-Périne, qui parut
à l'arrivée du Roi plus belle qu'elle n'a jamais été depuis,

remontraient à la Reine que ces emportements
ne faisaient qu'irriter l'esprit du Roi; que la
douceur et les caresses étaient les seuls
moyens de le retenir et qu'en attendant qu'elle
pût le dégager des objets illégitimes elle devrait avoir un peu de modération si pour elle
et pour les siens elle voulait obtenir des grâces.
Mais Concini et Léonore Galigaï, bien loin de
lui faire goûter ce salutaire conseil, entretenaient de plus en plus sa mauvaise humeur ; et
ils avaient acquis tant de pouvoir sur son esprit qu'elle n'aimait et ne haïssait que ceux
qu'ils voulaient. On avait souvent donné conseil au Roi de chasser ces funestes tisons qui
mettaient le feu dans son palais et embraserait,
à quelque heure, tout le royaume. On dit que
Galigaï craignant que sa maîtresse ne l'aimât
moins, si pour le Roi, elle avait l'affection
qu'une épouse doit avoir pour son époux, l'en
éloignait tant qu'elle pouvait afin de la mieux
posséder à son aise. Tout le monde croit que
cette femme et son mari travaillèrent conjoin-
tement, tant que le Roi vécut, à aigrir l'esprit
de la reine, à la rendre toujours fâcheuse et de
mauvaise humeur de sorte que, sept ou huit
années durant, s'il y avait entre eux un jour

quoique sa beauté eût longuement duré... » *Mémoires de Bassompierre.*

de calme et de plaisir, il y en avait deux de mécontentement et de fâcherie (1).

La Reine avait parlé, quelque temps, de
marier Mlle d'Entragues avec le comte d'Aché
d'Auvergne ; mais en passant les articles sur-
venaient quelques contestations qui rompirent
le mariage. Après cela Mme de Verneuil et
Mlle d'Entragues allèrent passer la belle saison

(1) Concini, marquis d'Ancre, un aventurier florentin,
qu'amenait en France Marie de Médicis avec aussi — parmi
tant d'autres Italiens — sa sœur de lait Léonore Dorr, appelée
Galigaï, Florentine également. « Petite personne fort
maigre et fort brune, de taille assez agréable — écrit un
contemporain — et qui, quoiqu'elle eût tous les traits du
visage assez beaux, était laide, à cause de sa grande maigreur. » Mais d'une laideur que ses yeux de flamme faisaient
caractéristique. — Marie de Médicis les mariait l'un à l'autre.
— Nous n'avons à raconter ici comment, à l'aide de faveurs
inouïes, d'Ancre devenait ministre, succédant à Sully ! et
par ordre de Louis XIII était assassiné, pour qu'il lui subs·
tituât son favori, Luynes, d'intelligence médiocre et nullement taillé pour être ministre. Tout au plus n'était-il pas
auparavant, inférieur à sa charge de « Maître des oiseaux
du Roi ». — Enfin ! s'écria Louis XIII, après l'assassinat,
je suis roi ! Il le fut moins que jamais, bien que toutefois,
— malgré qu'en prétende encore une certaine école, d'ailleurs de moins en moins suivie — il n'ait pas toujours été
le quasi esclave, l'instrument de Richelieu. Léonore Galigaï
était, le 3 juillet 1617, brûlée parce que sorcière. « Leur
crime à tous deux, écrit Michelet, s'appelait brigandage et
vénalité. »
A signaler une tragédie du temps fort curieuse : *La Ma-
gicienne étrangère, tragédie en laquelle on voit les tyranniques em-
portemens, origines, entreprises, desseins, sortilèges, arrêt, mort et
supplice tant du marquis d'Ancre que de Léonora Galigaï sa femme,
avec l'aventureuse rencontre de leurs funestes ombres.*

chez la marquise de Conflans : elle avait une
maison dans le voisinage de Charenton. Le duc
de Guise et Bassompierre rôdaient toutes les
nuits autour de cette maison, mais Bassompierre qui avait des idées plus hautes rompait
entièrement ce commerce.

Henriette-Charlotte, fille du connétable de
Montmorency et de Louise de Budos, parut
alors à la Cour, comme un soleil, effaçant par
son éclat toutes les autres beautés. Tout le
monde avait les yeux sur ce nouvel astre et
cette belle avait autant d'adorateurs qu'il y
avait de galants à la Cour. Bassompierre eut le
bonheur de se faire aimer et ne manquait au
bonheur de ces amants que le consentement
du Roi. Bassompierre lui demandait d'épouser
Mlle de Montmorency, puis de traiter avec le
duc de Bouillon pour la charge de premier gentilhomme de la Chambre : Sa Majesté accor-
dait non seulement l'un et l'autre, mais voulut
encore que le Connétable qui était disgracié
revînt à la Cour. Le lendemain, le Roi rendit
visite à Mme d'Angoulême où logeait Mlle de
Montmorency, sa nièce. En un ballet où elle était
habillée en Diane il l'avait déjà vue tenant un
dard à la main. Ce fut alors qu'il commençait de
sentir pour elle des sentiments bien tendres et
bien passionnés. Les confidents des plaisirs de

ce prince, les parents de Mlle de Montmorency, les gens même de la Reine qui s'imaginaient que celle-ci chasserait toutes les autres étaient prêts à servir sa passion, de sorte que tout la flattait excepté celle qui pouvait la soulager. Mais, comme le prince se trouvait en état de tout entreprendre, il croyait pouvoir tout espérer (1).

Cependant le mariage de Bassompierre avec Mlle de Montmorency se trouvait conclu ; mais, comme il s'était traité sans que le duc de Bouillon y participât, il n'en fut pas satisfait et résolût de le traverser. Un jour que le Roi venait de voir chez la Reine Mlle de Montmorency et qu'avec éloge il parlait de sa beauté, le duc, le tirant en particulier, lui disait qu'il était surpris qu'il eût voulu consentir au mariage de cette fille avec Bassompierre ; qu'il ne voyait point d'autre parti pour le prince de Condé, son neveu, que Mlle de Montmorency ou Mlle de Maine ; mais qu'il était obligé, surtout par intérêt, de marier le prince de Condé à Mlle de Montmorency. Le Roi ne répondit rien, ne laissant pas, toutefois, d'apprécier la force de ce raisonnement et, le lendemain, ayant vu la demoiselle,

---

(1) Nous venons d'entrer dans l'histoire amoureuse de Henri IV avec Mlle de Montmorency : tous les personnages ayant figuré dans la première partie, *les notices biographiques ne sont plus nécessaires.*

il la trouva plus charmante que jamais et prit la
résolution de s'assurer d'une si belle conquête
quoi qu'il pût lui en coûter. Il s'agissait de réussir dans ce dessein et, pour cet effet, il fallait
faire épouser à cette belle un homme qu'elle
n'aimait point. Il était pressant donc de connaître
ses sentiments à l'égard de Bassompierre.

Il eut occasion de s'en éclaircir quelques
jours après. Sa santé était fort altérée, ses accès de goutte plus fréquents. Il ne se passait
point d'années qu'il ne fût obligé de se mettre
dans les remèdes, une fois pour le moins,
quelquefois deux. La goutte lui étant survenue,
Mme d'Angoulême et Mme sa nièce, Charlotte, le visitaient. Grammont qui s'y trouvait
ayant compris que le Roi serait bien aise d'entretenir la nièce, lia conversation avec la tante.
Le Roi, profitant de l'occasion, disait à Mlle de
Montmorency qu'il voulait l'aimer comme sa
propre fille et que son intention était qu'elle
logeât au Louvre pendant que Bassompierre
y servirait. Il la pria de lui dire franchement
si ce point la contentait, et qu'en cas qu'elle
ne le fût point, il romprait le mariage et lui ferait épouser le prince de Condé ; Mlle de
Montmorency qui n'entrait point du tout dans
les vues du Roi, répondit, naturellement, que
puisque telle était la volonté de son père, elle

se croyait bien liée avec Bassompierre. Le lendemain, il mandait Bassompierre lui faisant mille carresses, lui disant ensuite qu'il songeait à le marier. Bassompierre ignorant ses intentions lui répondit que la goutte du Connétable était cause qu'il ne l'était point déjà. — Ce n'est point cela, répliquait le Roi, je vous veux marier à Mlle d'Aumale et faire, en sa considération, revivre son duché. « Quoi, Sire, vous voulez donc me donner deux femmes ? — Je veux te parler en bon camarade, à cœur ouvert : j'aime Mlle de Montmorency ; si tu l'épousais et qu'elle t'aimât, je te haïrais et si elle m'aimait, c'est toi qui me haïrais. Ne rompons donc point notre bonne intelligence. Je t'aime et ne saurai t'enlever mon amitié sans beaucoup de répugnance. Je veux marier cette fille avec le prince de Condé qui, tout jeune qu'il est, a davantage d'attachement pour la chasse que pour les dames, et, comme tu sais qu'il est pauvre, qu'il tient tout de ma puissance, mon dessein est de l'enrichir par mes bienfaits. Par année je lui donnerai cent mille livres pour les divertissements, pourvu qu'il n'exige qu'une affection innocente de celle que je lui destine pour femme (1). »

(1) « Le roi, jouant un jour au reversis, disait à Bassompierre de tenir son jeu. Voyant qu'il perdait en argent, Sa

Bassompierre était trop habile pour ne point savoir que le véritable moyen d'augmenter une passion est de la combattre, se faisait honneur de la nécessité, prenant le parti de donner un trésor qu'il ne pouvait garder. « Je suis ravi, Sire, répondit-il, que Votre Majesté me donne l'occasion de lui témoigner le zèle que j'ai pour son service. C'est avec une extrême passion que je l'ai souhaité toute ma vie : mes désirs sont exaucés! Votre Majesté peut être convaincue de l'attachement et du respect que j'ai pour elle, par le sacrifice que je vais lui faire, le plus énorme dont un galant soit capable. Pour l'amour de vous je renonce, Sire, à cette haute alliance, à cette épouse digne des hommages de ce qu'il y a de plus grand au monde. J'ai pour Mlle de Montmorency une passion que je sens très vivement et que je ne saurais bien exprimer. Je suis charmé de son mérite et j'eus le bonheur de m'en faire aimer. J'étais sur le point de devenir l'homme

Majesté ne prenant point plaisir à perdre commençait à se fâcher. Lors, Bassompierre lui dit : « Sire, vous m'excuserez, «votre sang me trouble», entendant du manège de M. le Prince avec Mlle de Montmorency, à laquelle Bassompierre avait fait la cour. Le roi répondait : « Ventre saint-gris ! n'y « ayez point hardiment de regret; car si cela se fût fait tu «eusses été le plus grand cocu de France.» *Journal de Lestoile*, IX, p. 254, éd. Lemerre.

le plus heureux. J'abandonne tout cela de bon
cœur pour un maître à qui je dois tout, et
souhaite que ce nouveau commerce lui porte
autant de plaisir et de joie qu'il me causerait
de déplaisir et de tristesse si j'étais obligé de
céder à tout autre la divine Montmorency. » Le
Roi pleura d'aise voyant Bassompierre si sou-
mis. Il lui fit mille protestations et l'entretint
encore de son mariage avec Mlle d'Aumale ;
mais comme cet amant infortuné avait encore
le cœur trop sensible à cette perte et qu'alors
il était incapable d'un nouvel engagement, il
supplia Sa Majesté de le laisser en liberté là-
dessus.

Le Roi toujours incommodé de sa goutte
dont les douleurs, pourtant, étaient moins
pressantes, voulut avoir de la compagnie. Donc
il envoyait chercher Bassompierre et quelques
autres seigneurs. Il jouait aux dès dans son lit,
avec le premier, lorsque Mme d'Angoulême et
sa nièce entrèrent. Mlle de Montmorency, ne
connaissant quoi que ce fût de ce changement,
parlait à Bassompierre. Le Roi, lui faisant signe
de s'approcher lui disait ses intentions, Mlle de
Montmorency faisait une grimace signifiant par
là que son cœur n'était pas en meilleure as-
siette que Bassompierre ; quoique ce signe
n'apprît rien à Bassompierre qu'il ne sût déjà.

Il le prenait toutefois, pour une confirmation
de son malheur. Et, comme les difficultés,
d'ordinaire, augmentent les désirs, surtout
lorsque l'on voit que l'objet adoré ne cède que
par violence, cela le mit en si grand désordre
qu'il fût obligé de sortir, et pour le faire en
toute bienséance, simula qu'il saignait du nez.
Cet amant au désespoir n'eut pas la force
d'aller jusqu'à son carrosse : il se jeta dans le
premier qu'il rencontrait et se retirait chez
soi. Deux jours entiers il déplora sa destinée
cruelle faisant les réflexions les plus affli-
geantes. La première personne qu'il rencontra
lorsqu'il revint à la Cour, ce fut le prince de
Condé qui, dans les formes, ayant déjà fait demander Mlle de Montmorency partait pour
aller rendre sa première visite. Ce prince fut
assez cruel pour le prier de l'y accompagner ,
mais Bassompierre fut assez résolu pour lui
refuser une complaisance qui l'aurait accablé
et détruit la diversion qu'il avait cherchée en
revenant avec Mlle d'Entragues. Le prince alla
donc à sa visite sans lui, et faisait tellement bien
ses affaires qu'il fiançait quelques jours après,
dans la galerie du Louvre, Mlle de Montmorency. Le Roi eut la malice de s'appuyer sur
Bassompierre et lui faire essuyer, d'un bout à
l'autre, le chagrin de cette triste cérémonie.

Les amants s'épousèrent bientôt à Chantilly. Ce mariage fut suivi d'un autre (1). Le duc de Vendôme qui, comme nous l'avons dit, avait fiancé la fille du duc de Mercœur, l'épousa cette année, âgé seulement de seize ans. Le Roi s'était montré fort impatient d'achever ce mariage, et les noces furent célébrées.

M. de Bassompierre, outré de chagrin d'avoir vu se marier sa maîtresse cependant n'en mourut point ; mais ne revint à la santé que pour une nouvelle disgrâce. Un écuyer de la Reine, nommé Simon, qui logeait dans une petite rue, vis-à-vis la porte de la Monnaie et, alors, proche la maison de Mlle d'Entragues trouva le soir, en se retirant, un homme couché avec son hôtesse, qu'il aimait. Il traversa ce malheureux de plusieurs coups d'épée puis le mettait dehors en chemise. Se traînant comme il lui fut possible, cet homme alla mourir sous les fenêtres de Mlle d'Entragues. Un passant qui savait Bassompierre n'être pas haï de cette demoiselle, voyant cet homme en cet état, crut que c'était ce même Bassompierre et courut à

---

(1) « Le dimanche 17 mai (1609) fut consumé le mariage du prince de Condé avec Mlle de Montmorency, à Chantilly, *sans aucune pompe ni solennité*, n'aucune autre assemblée de princes et seigneurs de la Cour. » *Journal de Lestoile*, IX, p. 265, éd. Lemerre. Par contre, furent *somptueuses*, quelque temps après, les noces du duc de Vendôme.

son hôtel avertir ses gens. Comme il était sorti dès le commencement de la nuit, ils crurent sans peine ce que leur disait cet homme. Ils coururent étourdiment au lieu qu'il leur avait marqué, trouvèrent le corps et le prirent pour celui de leur maître ; mais ils virent, à la clarté des flambeaux allumés par eux, qu'ils avaient fait une sottise et transportèrent ce corps chez un chirurgien. La justice avertie s'en saisissait, et ainsi la chose était divulguée. Plusieurs plaintes en furent faites aux dépens de Mlle d'Entragues, dont Bassompierre eut peut-être plus de chagrin que cette belle, qui, comme plusieurs autres, n'aurait cru ne posséder aucun mérite si elle n'avait pas eu son intrigue amoureuse.

Cependant la passion du Roi pour Mme de Condé continuant toujours et même étant devenue si publique qu'on ne parlait presque plus d'autre chose (1), le prince de Condé qui pouvait, avec un peu de complaisance, obtenir

(1) Sur ces amours les poètes eurent beau jeu : d'ailleurs en ce moment il n'était guère, à Paris, parlé d'autre chose. — « On m'a fait voir le 8 octobre (1609) des stances sur les amours du roi et de Mme la P. D. C., qui sont si mal faites que je me contentais de les lire sans en tirer copie. » Mais pour tout compenser, Lestoile avait eu occasion d'écrire : « On m'a donné des vers très beaux, sur les amours de Mme la princesse et du roi. » *Journal de Lestoile, X,* éd. Lemerre.

les premières charges du royaume ne voulut point s'enrichir aux dépens de son honneur. Il avait tant de délicatesse qu'il croyait ne pouvoir plus soutenir la continuation de cette intrigue sans s'attirer le mépris de la Cour. D'ailleurs les scrupuleux, les mécontents et les ennemis cachés du Roi, gens malins et inquiets qui n'aiment que le trouble pour l'amour du trouble même, lui mettaient, pour ainsi dire, le feu sous le ventre, et irritaient sa jalousie. Elle n'était déjà que trop grande. La Reine, toujours la même, ne cessait de semer la zizanie. Le prince en vint aux emportements et lâcha quelques paroles peu respectueuses. Le Roi, pour l'en châtier, lui ôtait ses bienfaits, et lui retrancha l'argent qu'il lui avait promis quand il se mariait. Ces sévérités loin de radoucir le prince ne firent que l'irriter davantage. Il considéra que le Roi, étant aussi passionné qu'il l'était, pourrait en venir aux violences et, comme il manquait de tout pour se mettre à couvert, il chercha son salut dans la retraite. Il résolut de se sauver chez les étrangers (1). Après donc qu'il eut disposé

(1) Le samedi six, mois d'août (1609), le prince de Condé ne pouvant plus douter de l'amour du roi pour sa femme, l'enlevait lui-même, la portant en croupe sans savoir où il la conduirait. Le roi est fort en colère de cette évasion. *Journal de Lestoile*, IX, p. 426, éd. Lemerre.

toutes choses pour exécuter ce dessein, il enleva lui-même la princesse qu'il mit en croupe et, à quelques lieues de là, dans un carrosse à six chevaux. Il alla coucher à Muret, accompagné seulement de Tournay, de Rochefort, d'un écuyer de Mlle de Citeaux et d'une femme de chambre nommée Philippette. De Muret il marcha vers Landrecies, où il n'entra point; de là il allait à Bruxelles où le nonce du pape le recevait avec beaucoup de joie, lui rendant tous les honneurs que méritait sa qualité.

A la première nouvelle de cette évasion imprévue (1), le Roi tout transporté de colère et d'amour ne put cacher son émotion même devant la Reine. Il jouait dans son cabinet lorsque le duc d'Elbœuf venait lui apprendre cette triste nouvelle que lui confirmait bientôt après le chevalier du guet. « Mon cher ami, je suis perdu, dit-il à Bassompierre, le plus proche de

(1) « Cette nouvelle troubla fort le roi... M. le Prince, usant d'une extrême diligence, avec beaucoup de fatigues et de traverses qu'il lui fallut supporter en chemin, s'était égaré avec la perte de deux ou trois chevaux... » Puis il avait été contraint de « coucher avec Mme la Princesse, sa femme, dans un moulin où ne trouvèrent ni commodités quelconques, ni de feu — nous sommes en novembre 1609 — ni de lit. Mme la Princesse était tellement harassée du mauvais chemin et mauvais temps que, sans y songer, elle mangeait avec ses gants, ne les pouvant tirer sans les écorcher tant ils étaient mouillés. » *Journal de Lestoile*, X, p. 86, éd. Lemerre.

lui. Ce malheureux emmène sa femme dans un bois et je ne sais si c'est pour la tuer, ou pour la faire sortir du royaume. Prends mon jeu pendant que j'irai savoir les particularités de cet événement. » Cela dit, il passa dans une autre chambre, faisant signe au marquis de Cœuvres, au comte de Cramail, au duc d'Elbœuf et à Loménie de le suivre. Le conseil extraordinaire étant ainsi assemblé, chacun de dire son avis. Le Roi qui ne se possédait pas, donnait dans tout ce qu'on lui proposait et voulait qu'on exécutât incessamment. Puis une seconde après il changeait d'idée, jugeant qu'étaient impraticables tous les moyens proposés. L'un voulait que l'on courût après le prince et que l'on envoyât les chevaliers du guet avec les archers. L'autre voulait que l'on donnât cette commission à Bouvin et à Balagny, — d'autres pensaient qu'il valait mieux ordonner à Vaubécourt de se rendre sans retardement sur la frontière de la Lorraine pour empêcher que le prince ne passât. Le Roi qui voulait tout et ne se fixait à rien, fut contraint de faire venir les principaux ministres pour les consulter sur une affaire où son cœur prenait tant de part (1). Ce

(1) Sa passion, qu'il ne pouvait dissimuler, était si grande, et avec tant d'ardeur, qu'on le vit changer, en moins de rien, d'habit, de barbe et de contenance, se montrant

HENRI IV.

MASQUE MORTUAIRE D'HENRI IV
(*Bibliothèque Nationale*)

n'était pas, d'ailleurs, la première foisqu'ils
avaient été consultés sur des affaires d'amour,
où l'on faisait entrer des raisons d'État. Le
Chancelier fut le plus diligent et après que Sa
Majesté lui eût appris de quoi il s'agissait, il
répondit, avec une gravité digne de son caractère, que le prince de Condé paraissait fort
condamnable, qu'il avait tort d'avoir pris un
parti si désespéré ; que ceux qui lui donnaient
si méchant conseil avaient encore plus de tort.
Le Roi aurait voulu que tout le monde eût été
aussi bouillant. Il répondait, non sans brus-
querie : « Rengainez votre gravité, Monsieur le
Chancelier, me donnez votre avis, et c'est tout :
je ne vous demande pas autre chose. Je sais aussi
bien que vous, que le prince est condamnable,
mais il s'agit des moyens de le châtier. —
Alors, Sire, répondit le Chancelier, mon avis
et qu'il faut traiter le prince en rebelle et
rendre contre lui, contre ses adhérents les déclarations ordinaires. » Le monarque, fatigué
de ce début, vit entrer Villeroi. Laissant alors
le Chancelier, il le mettait, en peu de mots,
au courant. Villeroi fit l'étonné, proposa qu'on

échauffé à la chasse de cette belle, pour laquelle avoir il
mettait tout le monde en besogne... Il y a trente maque-
relles après, disait la reine, et si je m'en mêle une fois, je
erai la trente et unième. » *Journal de Lestoile*, IX,. p 279, éd.
Lemerre.

apprit par des courriers, à tous les princes étrangers, que le prince de Condé était sorti de France, sans la permission du Roi, même contre ses défenses et que l'on ordonnait à tous les ambassadeurs de Sa Majesté de prier les souverains auprès desquels ils résidaient de ne pas recevoir les rebelles, et de remettre le prince entre les mains des Ministres de Sa Majesté qui regarderait comme ennemis tous ceux qui en useraient autrement. Après ces paroles, le Roi faisait signe au président d'opiner : « Sire, dit le président, mon avis est de faire courir après le prince un Capitaine des gardes du corps qui tâchera de le ramener ; et, s'il n'en peut venir à bout, il le suivra jusque dans sa retraite, et déclarera de votre part, aux puissances chez lesquelles il se sera réfugié, que vous leur ferez la guerre, à moins qu'ils ne vous le livrent. Je ne crois pas qu'il ait prémédité son départ et je doute alors qu'à l'avance il se soit précautionné d'une puissante protection. Je suis le plus trompé du monde s'il n'a jeté son plomb sur les Pays-Bas ; mais je suis persuadé qu'il fait mal son compte et qu'il y sera mal accueilli. Car, outre qu'il n'a nulle habitude avec l'Archiduc, qui n'aura pour maintenir le rebelle aucun ordre, l'Espagne qui craint Votre Majesté plus qu'elle ne l'aime, ne voudra pas s'attirer sur les bras le plus grand prince de l'Europe et préférera le faire sortir de ses États, ou le livrer à Votre Majesté. »

Le Roi, qui commençait à reprendre ses esprits, approuva cet expédient; mais, comme il ne se déterminait jamais sur rien d'important, qu'il n'eût consulté Sully, il ne voulut rien conclure qu'il ne fût venu, il venait enfin, l'air fâché, la mine renfrognée. « Mon neveu s'en est allé, Monsieur de Sully, et le mal est qu'il emmenait la princesse. — Je n'en suis point surpris, Sire, mais je le serais beaucoup s'il ne l'avait pas fait. Si vous vouliez l'en empêcher, il fallait le mettre à la Bastille. — Ne parlons pas du mal qui est fait, répliqua le Roi, mais cherchons les moyens de le réparer. Que jugez-vous qu'il faille faire ? — Sire, je n'en sais rien, j'y penserai sur le chevet et demain, dès le matin, je vous dirai ce que j'aurai pensé. — Point de retardement, Monsieur de Sully, vous savez combien cette affaire me touche et je veux que vous me disiez tout à l'heure votre sentiment. — Alors, Sire, quelques minutes de réflexion. » Il faisait, disant cela, des mouvements de tête et quelques tours de chambre. Il revenait ensuite vers le Roi, qui demandait : « Que faut-il faire ? Qu'avez-vous trouvé ? — Rien ! — Comment, rien ! —

Oui, rien, absolument rien. En ne faisant rien, vous témoignez ainsi que vous ne faites point grand cas du prince et, cela étant, personne ne le secourra ; ses amis même l'abandonneront, tout le monde le raillera, puis en moins de trois mois il sera, de soi-même, forcé de rentrer au gîte. Mais, au contraire, si vous témoignez de l'empressement à le ravoir, il n'en faut pas davantage pour le mettre en relief, des gens même de la Cour lui prêteront de l'argent et tels qui l'auraient abandonné si vous n'en aviez fait aucun cas, le soutiendront pour avoir le plaisir de vous chagriner. — L'avis était de bon sens, mais l'état du Roi ne lui permettait point d'en profiter. Comme celui du président Janin était plus violent et, alors, plus conforme à sa passion, ce fut donc celui qu'il suivait. Dès le matin, il faisait courir le Marquis de Praslin pour courir après le prince (1).

Praslin fit toute la diligence qu'il put ; mais ce prince avait trop d'avance, il ne pouvait donc le rejoindre. Il se rendait alors à Marimont, près l'Archiduc, lui faisant demander au-

(1) « L'archiduc fit réponse à Praslin qu'il n'avait jamais voulu violer le droit des gens à l'endroit de qui que ce fût et qu'il se garderait bien de commencer à commettre cette faute par la personne du premier prince du sang en France. Et, peu après, lui envoyait escorte d'homme et d'argent pour venir à Bruxelles. » *Journal de Lestoile.*

dience. Il se présentait avec l'ambassadeur ordinaire. Il lui dit que le prince de Condé, ennemi de son maître, prétextant une jalousie de
commande, avait fui dans les Pays-Bas pour
cabaler contre son service et, au nom de la
Loi, le pria de le faire arrêter. L'Archiduc
répondit qu'il croyait avoir assez fait en ne
voulant pas le recevoir, mais qu'il n'avait pas
cru devoir lui refuser passage, qu'il souhaitait qu'il retournât en France et qu'il faisait des
vœux pour la satisfaction du Roi aussi bien
que pour le repos de son royaume.

La vérité est que le prince ne s'était pas arrêté dans les Pays-Bas. Piquant jusqu'à Cologne, il avait laissé la princesse, sa femme, à
Bréda, chez la princesse d'Orange, sa sœur, qui
la menait ensuite à Bruxelles où le Prince arrivait quelques jours après. L'archiduc et
l'infante leur allèrent rendre visite, d'abord
qu'ils surent que ces princesses étaient arrivées. Le marquis de Spinola, commandant les
troupes espagnoles dans les Pays-Bas se plaignit que l'archiduc n'eût point retenu le prince
de Condé, mais il le pressa si fort qu'il l'obligea
de faire partir immédiatement un gentilhomme
pour aller inviter ce prince à revenir. Spinola
chargeait ce gentilhomme d'une lettre et
l'ambassadeur d'Espagne lui en donnait une

autre. Il est certain que l'Archiduc et les ministres d'Espagne n'agissaient point par le même principe. Le premier voulait entretenir la paix et les autres voulaient la rompre. Les ordres qu'envoyait la Cour de Madrid arrivaient bientôt après et les réunirent tous car ils portaient que ce Roi catholique prenait sous sa protection le prince de Condé. Cette déclaration, relevant le courage du prince, le déterminait à justifier sa sortie hors de France. Il prit droit sur des faits que l'on croyait vrais pour la plupart, écrivit des lettres en forme de manifeste, au pape Clément VIII, et au cardinal Borghèse, son neveu.

Praslin n'avait ordre d'entrer en négociations; aussi, s'en retournait-il dès qu'il eut parlé à l'archiduc. D'abord que le Roi eut appris que le prince était retourné à Bruxelles, il y envoya le marquis de Cœuvres en qualité d'ambassadeur extraordinaire avec ordre de demander à l'archiduc qu'il rendît au Roi le premier prince du sang. L'archiduc répondit que la considération qu'il avait pour cet illustre sang l'ayant obligé de lui donner retraite, il ne pouvait honnêtement violer le droit d'hospitalité, mais que Sa Majesté chrétienne ne devait point craindre que cet illustre réfugié entreprît rien contre son service et au préjudice

du respect qu'il lui devait. Le Roi ne goûta
point cette réponse, car il regardait comme une
flétrissure tous les honneurs rendus à ce
prince qui avait encouru sa disgrâce et qui ré-
pandait dans les pays étrangers des bruits
qui diffamaient sa réputation. La familiarité
fort étroite de ce prince avec le duc d'Aumale, ennemi mortel du Roi, lui donnait un
beau prétexte d'évaporer les transports de sa
bile dont n'était pas ignorée la véritable cause.
Le marquis de Cœuvres, voyant qu'on ne pouvait avoir la princesse, se retranchait alors à
demander qu'on la remît entre les mains du
connétable, son père, ou de la duchesse d'Angoulême, sa tante. L'archiduc répondit qu'il ne
disposerait jamais de la princesse sans le consentement du prince son époux.

Cœuvres voyant que les négociations pre-
naient un méchant train songeait à de nouveaux moyens, entreprenant d'enlever la princesse. Il y en eut même qui furent assez im-
prudents pour faire dessein d'enlever aussi le
prince. Les époux ne vivaient pas trop bien
ensemble. Je ne sais s'il y avait entre eux mu-
tuellement de l'antipathie, ou si la princesse
fâchée d'avoir quitté la Cour de France regardait le prince de mauvais œil : ce qu'il y a de
certain c'est qu'ils se traitaient froidement et

que les Français espérant par là faire réussir
leurs projets, entretenaient ces aigreurs avec
beaucoup de soins, prenant occasion de persuader à la princesse qu'elle se laissât enlever.
Sur la réponse elle eut assez de peine à se résoudre : elle voyait des inconvénients sur toutes
choses. D'un côté, mécontentement du prince,
son époux, elle se voyait soumise en dépit d'elle
à la domination des Espagnols. La Cour de
Bruxelles ne l'accommodait pas. Elle n'y trouvait pas la même magnificence qu'à celle de
France et, enfin, elle souhaitait passionnément d'être auprès de son père et de sa tante
qui, de leur côté, souhaitaient la même chose
et ne manquaient pas de l'en assurer par leurs
lettres. D'ailleurs, elle craignait d'abandonner
un époux pour se mettre entre les mains d'une
personne qu'elle pouvait regarder comme étrangère ; enfin, elle craignait autant s'exposer à la
médisance que de retomber en mains d'un époux
irrité. Ces différentes pensées la retinrent
longtemps dans l'irrésolution ; néanmoins, au
bout du compte, l'envie de revoir ses parents, à la Cour de France, l'emporta sur tout
le reste.

Cœuvres espérait qu'ayant enlevé la princesse il ferait pendant la nuit une si grande diligence qu'il serait loin avant que l'on connût

son départ. Mais, il n'était pas encore temps de
se féliciter, car il fallait encore bien des choses
pour faire réussir cette entreprise. Première-
ment il fallait ou escalader ou percer la mu-
raille de la ville ; il fallait des chevaux pour
sortir, des relais de distance en distance pour
la vitesse qu'on se proposait. Il fallait enfin de
la cavalerie pour s'opposer à ceux qui se met-
traient en devoir de l'arrêter. Comme on ne pouvait pas s'empêcher de se confier à plusieurs
personnes, il arrivait ce qui devait arriver en
pareille occurrence : la mine fut éventée. Le
comte de Buquoi, grand-maître de l'artillerie
en eut le premier avis qu'il faisait passer à
l'archiduc et au marquis de Spinola. Ceux-ci
résolus de s'opposer à cet attentat assemblèrent
leur conseil et résolurent de loger la princesse
au Palais sous un prétexte honnête. On en fit
la proposition au prince de Condé, sans lui en
dire la raison, mais on se contenta de lui représenter, qu'étant, en quelque manière,
brouillé avec son épouse, il ne pouvait mieux
faire que de s'en séparer pour un temps : il at-
tendrait alors que son chagrin se dissipât.
Cette petite absence ne manquerait pas de la
remettre dans le bon chemin. Au reste, elle serait avec l'archiduc et l'infante qui lui donne-
raient de bonnes impressions desquelles il re-

connaîtrait, dans la suite, la nécessité. Le prince y consentait aussitôt sans répugnance, après avoir fait promettre à l'archiduc et à l'infante qu'ils ne laisseraient sortir la princesse de leurs mains que s'il y consentait.

La princesse et Cœuvres n'avaient aucuns motifs raisonnables de s'opposer à cette résolution. Ils espéraient avoir le temps d'exécuter leur dessein et firent semblant ne s'en point mettre fort en peine. La suite leur fit voir qu'ils n'avaient pas bien compté. Il leur fut impossible d'ajuster leur machine pendant que la princesse demeurait à l'Hôtel de ville. Il fallut donc chercher un expédient pour gagner cinq ou six jours de plus. Le marquis de Spinola faisait le passionné pour la princesse et lui rendait de fréquentes visites où il ne manquait pas de l'entretenir de choses qui font plaisir aux dames lorsqu'elles ont du mérite et de la beauté. La princesse avait ses vues aussi bien que Spinola; donc elle répondait aux douceurs de manière à faire espérer qu'elle n'avait pas moins de douceur que de beauté; et les apparences étaient si belles qu'ils croyaient avoir sujet, l'un et l'autre, de se féliciter. Dans ces heureuses dispositions, la princesse fit prier le marquis de donner un bal chez lui. Le rusé Génois sentit le coup et ne fut point d'avis de

donner dans le panneau. Il se défendit avec
tant d'honnêteté que la princesse n'aurait su
se formaliser de son refus. Ce fâcheux contre-
temps ne rebuta point M. de Cœuvres et ne
changea rien aux mesures qu'il avait prises.
Comme la princesse devait aller au Palais le
dimanche suivant, Cœuvres résolut de l'enlever la nuit du samedi. Quoique le prince ne
couchât que rarement avec elle, cependant de
peur que l'envie ne l'en prît et que cela fît
échouer l'entreprise, elle faisait semblant d'être
malade. L'archiduc que Baquoi tenait averti de
tout ce qui se passait donnait ordre à Spinola
de le faire savoir au prince, auquel on n'avait
rien appris jusqu'à ce moment parce qu'on
appréhendait qu'il n'éclatât sans nécessité, et
comme l'heure était arrivée d'agir publique-
ment, on avait résolu que l'archiduc ferait garder
l'hôtel d'Orange par un petit détachement de
ses gardes du corps. Le prince de Condé fort
alarmé de ce que lui avait appris Spinola ne put
garder le secret. Il faisait alors ce qu'il fallait
pour rendre inutile le dessein de Cœuvres, se
répandant pour le surplus, en plaintes inutiles.
Comme M. de Cœuvres n'avait encore rien fait
qui le pût convaincre, il désavoua tout et dépêchait un courrier au Roi pour demander de nouveaux ordres sur ce changement si peu prévu.

Les bourgeois de Bruxelles offensés de cet attentat prirent les armes pour la défense de cet illustre réfugié. Cette démonstration de zèle et de bonne volonté ne parvenait point toutefois à le rassurer, car craignant qu'il ne lui survînt quelque chose de plus fâcheux, il sortait des Pays-Bas et s'enfuyait dans le Milanais. Le comte de Fuentès, ennemi juré du Roi, l'accueillit à bras ouverts et pour causer plus de chagrin à Sa Majesté, il faisait malicieusement courir le bruit qu'il avait mis à cent mille écus la tête du Roi, et sous ce prétexte, lui donnait des gardes à pied et à cheval. Les historiens de France disent que le comte de Fuentès agissait moins en cela pour mettre en sûreté la personne du prince que pour noircir la réputation du Roi. On disait aussi que le comte de Fuentès ne traitait le prince avec tant de distinction que pour empêcher que quelqu'un envoyé ne le regagnât ou par des offres avantageuses, ou en lui donnant pour les Espagnols un dégoût qui l'obligerait à se repentir de ce qu'il avait fait. Ces craintes n'étaient pas absolument mal fondées, puisque malgré toutes ces précautions, le prince commençait à écouter les propositions que la France lui faisait faire. Il était donc sur le point de se laisser vaincre lorsque le roi Henri IV mourut.

Ce prince avait alors cinquante-sept ans après avoir régné vingt-deux ans et trois mois.

Il est certain qu'il avait de grandes qualités, mais il avait aussi de grands défauts. Il était intrépide dans l'action. Hors de là ces défauts apparaissaient grands. Il fuyait les affaires et avait de la peine à quitter ses maîtresses. Libéral de caresses et de bonnes paroles, témoignant de la confiance à ceux dont il espérait du secours, familier, prompt, actif et vigilant lorsque l'amour ne s'en mêlait pas ; épargnant et ménager jusqu'à l'excès et donnant de bonne grâce ce qu'il ne pouvait point refuser. Ses passions favorites étaient le jeu, l'amour et la chasse. L'amour lui avait fait faire mille fautes, jouant, il était âpre au gain ; timide dans les grands coups et sensible à la perte. Il parlait bien, avait l'esprit grand, élevé. Les disgrâces n'étaient que de nouveaux aiguillons à son courage, car il avait une admirable fermeté. Bon au fond, et sage, il pardonnait aisément et laissait revenir les esprits pour leur donner occasion de la repentance, religieux observateur des traités il ne faisait pas consister la politique dans une profonde dissimulation. A ce qu'il faisait une grande application ; mais, comme il avait l'esprit très vif il ne pouvait rester appliqué longtemps. Mais, peut-on excuser son abandonnement aux femmes, si public depuis sa jeunesse jusqu'à l'heure de sa mort qu'on ne peut lui donner le nom d'amour et de galanterie. Il eut le malheur de passer sa jeunesse dans la Cour du monde la plus corrompue, la plus vicieuse en toutes manières. Ce fut à la Cour qu'il contractait pour les femmes ces violentes passions qui ne finirent qu'avec sa vie. Mais en récompense, il a fait de glorieuses actions ; il a gagné plus de batailles que tous ses prédécesseurs et son courage glorieux en tant d'occasions lui méritait le nom de *Grand*.

LA COMTESSE DE MORET (1)

Mme la comtesse de Bourbon-Moret, était Jacqueline de Bueil. N'ayant ni père ni mère, elle fut nourrie, je pense, chez Mme la princesse de Condé, Charlotte de la Tremouille. Elle était, là, en bonne école. Henri IV qui ne cherchait que de belles filles et qui, quoique vieux était plus fou sur ce chapitre-là qu'il ne l'avait été en sa jeunesse, la faisait marchander ; et on concluait à trente mille écus. Mais Mme la princesse de Condé souhaita que par bienséance on la mariât en figure, si j'ose dire ainsi. Césy, de la maison de Harlay, homme bien fait, qui parlait agréablement, mais qui avait mangé tout son bien, s'offre à l'épouser. Un matin on les maria. Le roi impatient, et ne goûtant point trop qu'un autre eût un pucelage qu'il payait ne voulut pas permettre que Césy couchât avec sa femme ce soir-là (2). Césy,

(1) Tallemant des Réaux, I, p. 167, Paris, Garnier.
(2) « Le mardi de ce mois — 5 octobre 1604 — à six heures

lâche comme un courtisan ruiné prétendait ravoir sa femme le lendemain, résolu de tout souffrir pour faire fortune ; mais elle n'y voulut pas consentir. On rompit le mariage à condition que Césy aurait les trente mille écus. Alors il se mariait avec Béthune, fille de la Reine, aussi laide que l'autre était belle. Ses trente mille écus ne durèrent pas longtemps et depuis, pour se remettre, il demanda l'ambassade de Turquie où, contre l'ordinaire, il mena sa femme, mais il ne craignit pas autrement que le Grand Seigneur ne la fit enlever pour la mettre dans son sérail...

du matin, la demoiselle de Bueil, la nouvelle maîtresse du roi, épousait à Saint-Maur-des-Fossés le jeune Chamvallon, jeune gentilhomme, joueur de luth, piètre (ainsi qu'on disait) de tout le reste, même des biens de ce monde. Il eut l'honneur de coucher le premier avec la mariée, mais éclairé, ainsi qu'on disait, tant qu'il y demeura, de flambeaux et veillé des gentilshommes, par commandement du roi, qui, le lendemain, couchait avec elle, à Paris, au logis de Montauban — aujourd'hui rue de Navarre — où il fut au lit jusqu'à deux heures de l'après-midi. On disait que son mari avait couché en un petit galetas de la chambre, et, ainsi, était au-dessus de sa femme, mais il y avait un plancher entre deux. LESTOILE, p. 379 de l'éd. Michaud et Poujoulat. — « ...Était d'accord avec le mari, qu'il la quitterait dès le soir des noces. » *Amours du Grand Alcandre*. Lestoile mariait Jacqueline de Bueil à Chamvallon. Tallemant lui donne pour époux Césy, de la maison de Harlay ; Anselme et Moréri, le marquis de Vardes — le plus probable, car c'est celui que — *Mémoires de Bassompierre*, IV, p. 140 — désigne le marquis de Chanterac.

HENRI IV
exhumé pendant la Révolution.

(Bibliothèque Nationale)

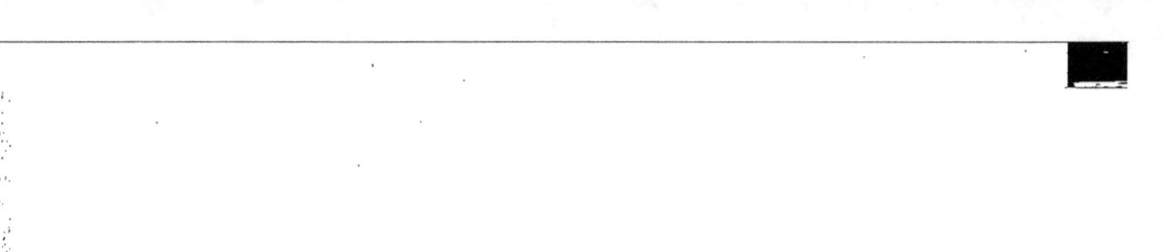

*— (Ici quelques aventures de Césy en dehors,
absolument, de l'*HISTORIETTE *concernant Mme de
Moret.)*

Mme de Moret eut un fils qui fut d'église (1).
On l'avait fort bien instruit, il était bien fait.
On dit que de tous les enfants de Henri IV,
c'était celui qui lui ressemblait le plus. Il avait
l'esprit agréable. Sa jeunesse fut assez déré-
glée; mais on dit qu'il avait fort profité aux
voyages qu'il avait faits pendant deux ans au
retour desquels il se jeta dans le parti de Monsieur, frère du roi Louis XIII, et fut tué au
combat de Castelnaudary.

Il devint amoureux terriblement de Mme de
Chevreuse. M. de Chevreuse en était fort jaloux.
En ce temps-là, Mme de Chevreuse et Buckin-
gham prièrent Mme de Rambouillet de leur
faire entendre Mlle Paulet la plus belle voix de
son temps (2). M. de Moret se trouva par hasard

(1) Antoine Bourbon, comte de Moret, né à Fontainebleau
en 1607, légitimé en 1608, abbé de Savigny, de Saint-Victor,
de Marseille, de Saint-Étienne de Caen, de Signy; il n'en
porta pas moins les armes.

(2) Angélique Paulet (1592-1651), la Parthénice des Pré-
cieuses, fille de Charles Paulet, inventeur de l'impôt appelé
la *Paulette,* redevance que payaient chaque année les officiers de justice ou de finance, afin, en cas de mort, de conserver à leurs héritiers le droit de disposer, comme ils le
voudraient, de leurs charges. Cette belle amie de Voiture,
— voir *Rois, Grandes dames et Beaux esprits d'autrefois,* par

à l'Hôtel de Rambouillet où ils se devaient rendre. Quand l'heure vint, elle le pria de se retirer, parce qu'elle ne voulait pas que M. Chevreuse son voisin, pût l'accuser de quelque chose. M. de Moret fit ce qu'il put pour la fléchir; mais, enfin, il s'en alla et ne lui en voulut aucun mal (1)...

MEYRAC, Paris, Albin Michel — fut en son temps surnommée *la Lionne*, et elle fut l'une des plus séduisantes « lionnes » du Grand Siècle, à cause « de sa fierté, de ses yeux vifs, de ses cheveux trop dorés ». « Elle affectait une insupportable pruderie, dansait bien, jouait du luth et chantait mieux que personne », dit Tallemant, qui note en marge de son manuscrit : « On raconte que l'on trouva deux rossignols morts sur le bord d'une fontaine où, tout le jour, elle avait chanté.» — Morts de jalousie, sans doute.

(1) Pourtant Mme de Chevreuse, si nous en croyons ce cancanier de Tallemant, ne paraît pas avoir été des plus farouches. — « Mme de Chevreuse se trouvant à Tours, quelqu'un, la regardant, dit : «Ah ! la belle femme ! je voudrais «bien l'avoir ! » — Elle se mit à rire et dit : « Voilà de ces gens «qui aiment la besogne faite ! » — Un jour, elle était sur son lit en goguettes et elle demanda à un honnête homme de la ville : « Or ça, en conscience ! n'avez-vous jamais fait «faux-bond à votre femme ? — Madame, lui dit cet homme, « quand vous m'aurez dit si vous ne l'avez point fait à «M. votre mari, je verrai ce que j'aurai à vous répondre.» — Elle se mit à jouer du tambour sur le dossier de son lit et n'eut pas le mot à dire. J'ai ouï conter, mais je ne voudrais pas l'assurer, que par gaillardise, elle se déguisait en paysanne, un jour de fête, et s'alla promener toute seule dans les prairies Je ne sais quel ouvrier un soir la rencontra. Pour rire, elle s'arrêta à lui parler, semblant de le trouver fort à son goût ; mais ce rustre, qui n'y entendait point finesse, la culbuta fort bien, et on dit qu'elle passait le pas. »

Henri IV se refroidissant, Mme de Moret s'avisa de faire la dévote. Elle n'avait que du linge uni, une grande pointe, une robe de serge, les mains nues. C'était pour les montrer car elle les avait belles. Elle avait été un peu goinfre, jusque-là, mais fort agréable. Henri IV fut tué avant qu'elle eût achevé sa farce. Ensuite, elle jouait un autre personnage, car elle feignit de devenir aveugle. On croit que c'était pour faire pitié à la *Reine-Mère*. Enfin, elle faisait semblant que M. de Mayesne, médecin célèbre qui était fort son ami, lui avait fait recouvrer la vue d'un œil ; mais il ne paraissait point que l'autre fût plus malade. Elle se remit à faire l'amour tout de nouveau. M. de Vardes se laissant attraper l'épousa. Il y a six ou sept ans qu'elle est morte empoisonnée, par mégarde. D'autres disent que c'est un valet qui l'empoisonnait ; et on soupçonne le mari qui retirait chez lui une demoiselle de bon lieu qu'il pourrait bien avoir envie d'épouser. J'ai su, depuis, qu'on avait fait un quiproquo chez l'apothicaire et qu'on avait donné du sublimé pour du cristal minéral. Elle en mourut. On lui trouva deux abcès qui l'eussent fait mourir subitement (1).

(1)   .   .   .   .

Ces jours passés, mourut à Vardes,
Alors qu'elle y prenait moins garde,

> L'antique dame de Moret,
> Ce qui lui fut peu duret,
> D'un malheureux quiproquo,
> Par une servante un peu sage,
> Qui pensant mettre en son potage
> Un peu de cristal minéral (*du sel*),
> Y mit d'un sublimé fatal,
> Dont la dame à ce qu'on rapporte
> En mourut toute raide morte.

(*La Muse historique*, lettre du 8 octobre 1651.)

FIN

TABLE DES MATIÈRES

Prologue 1
Le drame héroï-comique 21
   I. Le mariage 23
   II. L'évasion en Belgique 53
   III. A Bruxelles. A Milan 97
Épilogue 131
   Le retour en France 133
Appendice 147
   Diane de France 149
   Les galanteries des rois de France 157
   Anecdotes des reines et des régentes de France . 179
   M. le prince Henri de Bourbon 191
   Mme la princesse 199
   Les amours de Henri IV 217
   La comtesse de Moret 267

MÉMOIRES HISTORIQUES

CHAQUE VOLUME IN-8 ILLUSTRÉ, BROCHÉ : 20 FR.

Les sérails de Londres, ou les Amusements nocturnes. Scènes de sérail. Portraits des courtisanes. Aventures des libertins. Introduction du bibliophile POL ANDRÉ.

Les petits Boudoirs sous Louis XV, d'après *l'Espion anglais.* Avec une introduction du bibliophile POL ANDRÉ.

Mémoires de la Princesse de Lamballe, favorite de Marie-Antoinette. Avec une introduction du bibliophile POL ANDRÉ.

Le XVIIIe siècle galant et libertin. Recueil de documents rares et curieux sur l'amour et les femmes galantes au XVIIIe siècle, précédé d'une introduction du bibliophile POL ANDRÉ.

Vénus damnées, par Antonin RESCHAL. Documents curieux et rares sur la galanterie secrète au XVIIIe siècle.

La névrose galante au XVIIIe siècle, par Antonin RESCHAL. Aventures et portraits d'amoureuses.

Mémoires et Œuvres de Napoléon, illustrés d'après les estampes et les tableaux du temps et précédés d'une étude littéraire par TANCRÈDE MARTEL.

Mémoires de la Duchesse d'Abrantès. Tome I : *Les coulisses du Consulat,* avec introduction, notes, références et appendices de Albert MEYRAC.

Mémoires de la Duchesse d'Abrantès. Tome II : *Bonaparte intime,* avec notes, références et appendices de Albert MEYRAC.

Mémoires de la Duchesse d'Abrantès. Tome III : *Les coulisses de l'Empire,* avec notes, références et appendices de Albert MEYRAC.

Mémoires de la Duchesse d'Abrantès. Tome IV : *Napoléon intime et familier,* avec notes, références et appendices de Albert MEYRAC.

Pierre Coignard ou le Forçat Colonel. Roman vécu sous la Restauration, par Émile MASSARD et Gustave DALLIER.

Mémoires de Mademoiselle Aglaé, Comédienne, Courtisane et femme de bien (1777-1830), précédés d'une introduction et d'une notice par le Chevalier PALASNE DE CHAMPEAUX.

Les Amours secrètes de Napoléon Ier, d'après les pamphlets de l'époque et ceux de la Restauration, par Albert MEYRAC.

Louise de la Vallière, d'après l'Histoire amoureuse des Gaules, les Mémoires et les Chansons du temps, par Albert MEYRAC.

ALBIN MICHEL, ÉDITEUR

11023. - Imp. des Beaux-Arts, 79, rue Dareau, Paris. — 5-28.